Die
Preußische Hypotheken-
und
Subhastations-Gesetzgebung.

Ihre Principien, ihre Mängel und deren Abhülfe.

Von
Meyer,
Königlichem Ober-Tribunals-Rath.

Berlin,
Verlag von Veit und Comp.
1854.

Vorwort.

Die hiermit der Publicität übergebene Arbeit, durch äußere und innere Anregung veranlaßt, macht weder den Anspruch auf Anerkennung gründlicher theoretischen Leistung, wiewohl sie nicht ohne Benutzung der vorhandenen Literatur, deren Anführung auf leeren Prunk hinauslaufen würde, noch ohne vergleichende Betrachtung anderer Gesetzgebungen geschehen, noch hat sie den Zweck, die bestehende Gesetzgebung zu kommentiren, und im Detail zu prüfen. Sie bezweckt vielmehr die principielle Auffassung der Preußischen Gesetzgebung, und, wie sie aus dem praktischen Leben hervorgegangen ist, für die Praxis und zugleich für die Legislation allgemeine Standpunkte aufzustellen, um wo möglich Besseres zu erreichen.

Weihnachten 1853.

Der Verfasser.

Einleitung.

Daß die gesetzliche Sicherheit des Grundeigenthums und des Hypotheken-Instituts zu den wichtigsten Hebeln des Kredits und somit des Nationalwohls gehöre, ist eine anerkannte Wahrheit. Es liegt in der Natur der Sache, daß der blos persönliche Kredit, abgesehen vom kaufmännischen Verkehr, auch bei einer guten Gesetzgebung über das Proceß-, Exekutions- und Konkursverfahren, so wie bei einer tüchtigen und schnellen Gerichtspflege, keineswegs allgemein ausreicht, dem Einzelnen wie dem Staate die Hülfsquellen, welche sein Bedürfniß in Anspruch nimmt, zu erschließen, da der vorsichtige Gläubiger nur unter besonderen Umständen dem Schuldner ohne Realsicherheit durch Pfand oder Hypothek seine Hülfe gewährt. Es ist daher in jedem wohlgeordneten Staate ein dringendes Bedürfniß, den Grundbesitz, in welchem eins der erhaltenden Principe des Staatsorganismus liegt, zu sichern und ihm die Möglichkeit der Erhaltung zu gewähren. Der Weg hierzu kann, wenn wir von dem Pfandbriefinstitut, welches die Vortheile der Hypothek und der Association zu verbinden sucht, dessen Ausdehnung aber auf den kleinen ländlichen und den städtischen Grundbesitz den größten Schwierigkeiten unterliegen dürfte, hier ganz absehen, nur darin gefunden werden, daß der Erwerb des Eigenthums und der Hypothek offenkundig genau festgestellt und gesichert, und der Hypotheken-Verkehr ein leichter und doch zuverlässiger, daneben auch nicht kostspieliger sei.

Es bedarf kaum der Erwähnung, daß der Wechselvertrag zur Hebung und Sicherung des Realkredits nicht dienen kann, daß derselbe vielmehr sehr leicht dem Grundeigenthum große Gefahr bringt und somit dem Nationalwohl selbst. Der Wechsel ist allerdings ein Bedürfniß des Handels und des beweglichen Tagesverkehrs; seine Bedeutung beruht aber auf persönlichem Vertrauen, und er leistet dem Gläubiger, welcher weder besondere Geldvortheile und kaufmännischen Gewinn sucht, noch sich der Gefahr des Verlustes bei Ueberschuldung des Schuldners aussetzen, der nicht Geschäfte auf den Tag machen und spekuliren will, sondern einen sicheren und mäßigen Entgelt für sein dahingegebenes erspartes und schwer erworbenes Kapital dauernd zu finden hofft, keine Gewähr. Der Wechsel mit seinem nothwendigen Formalismus und seiner Strenge ist aber auch kein Mittel, das dem betriebsamen Grundbesitzer, welcher zur Hebung der Industrie, zur Erlangung einer größeren Bodenrente und sonstiger Agrikultur-Bedürfnisse, der Hülfe fremden Kapitals und zwar in einer Weise bedarf, welche ihm die längere Benutzung desselben sichert, diese Hülfe ohne große Opfer und ohne durch wucherische Künste dem Ruin entgegengeführt zu werden, gewährt. Die strikte Natur des formellen Wechselgeschäfts, die Leichtigkeit seiner Eingehung, die Nothwendigkeit genauer Kenntniß seiner rechtlichen Natur und Bedeutung, so wie seiner Wirkungen und der formellen Bedingungen desselben, welche der Erfahrung und Uebung bedarf, bietet außerdem dem Grundbesitzer, welcher nicht ein momentanes Bedürfniß zu befriedigen hat, und nach seinem Berufe der Kenntniß des Wechselrechts entbehren muß, große Gefahr: daß der Wuchergeist, welcher jetzt vorzugsweise das Grundeigenthum ausbeutet, und der freilich durch Aufhebung veralteter und grundloser Wuchergesetze, so wie durch klare und möglichst einfache Hypothekengesetze am leichtesten gebannt oder doch in Schranken gehalten würde, seine Mühe und Arbeit vernichte und den Grundbesitz durch Zwangsverkäufe entwerthe und zur Waare mache. Wie heilsam und nothwendig der Wechsel für den Handel- und Gewerbetreibenden, seiner Gefahren ungeachtet, ist, dem Grundbesitz, besonders dem ländlichen, ist er weder inneres Bedürfniß noch heilbringend. Wechsel und Hypothek müssen sich vielmehr in dem Staate, welcher sowohl dem Grundbesitz, als dem beweglichen Vermögen, freien Raum und die Gewähr einer frischen und lebenskräftigen, wohlthätigen Bewegung verschaffen will, gegenseitig ergänzen, wenn auch noch andere Mittel, wie Banken und die Institute, welche der Associationsgeist bereits hervorgerufen hat und stets neu hervorrufen wird, jene Zwecke mit fördern können. Dem beweglichen Element des formalen Wechsels steht die grundbefestigte Hypothek gegenüber, bei welcher die materielle, nicht die formale Seite, das vorwiegende Moment ist. Kann aber der Grundbesitzer auf den Wechsel und andere nicht auf Hypothek beruhende Kreditanstalten nicht verwiesen werden, ist dem wohlberechtigten und nothwendigen Bedürfniß desselben grade nur durch ein gutes Hypothekenrecht und was damit zusammenhängt, eine gute Subhastationsgesetzgebung, zu helfen, so wird die nähere Betrachtung der Grundlagen derselben geboten. Dabei leuchtet es von selbst ein, daß eine gute Gesetzgebung über den Realkredit dem Grundeigenthum, dem sie sicheren Nutzen bringen will, durch Oeffentlichkeit der Besitzverhältnisse, durch klare und feste Satzungen, welche das Grundeigenthum bestimmt und fest erkennbar machen, und den Erwerb desselben, so wie der Hypothek, an einfache aber deutlich erkennbare Bedingungen knüpfen und ein gewisses Maaß obrigkeitlicher Sanction, gegen Irrthum und Betrug Sicherheit verschaffen wird; dem Kapital aber ein möglichst unanfechtbares, bestimmtes und gewisses Recht geben muß, ohne die Schranken zulässiger Selbstbestimmung der Kontrahenten zu eng zu ziehen und die Handhabung der Formen zu erschweren, welche möglichst leicht und dem Verkehr bequem sein müssen, wenn gleich nicht in der Erleichterung der Formen allein die Hauptsache gefunden werden kann, da diese nur ein Mittel der praktischen Anwendung sind, welche an sich todten oder kranken Rechtsgebilden kein Leben und keine Herstellung gewähren können.

Die Gesetzgebung darf übrigens nicht so weit gehen, daß in ihr der Grund einer völligen Mobilisirung des Grundeigenthums gelegt wird. Ein solches Ueberschreiten der natürlichen Grenzen und Bedingungen des Realkredits würde dem Zweck und Begriff desselben widerstreben und dem Eigennutz und Betrug die Thore öffnen, ja das stätige Element des Grundeigenthums vernichten, und durch Zwittergebilde das Mobiliar- und Immobiliar-Eigenthum verschmelzen; dahin würde es führen, wollte man die Hypotheken als Lettres au porteur behandeln. Die Hypothek würde ihrer festen Natur entkleidet und in ein der Agiotage unterworfenes Geldpapier umgewandelt werden.

Es ist aber auch ferner einleuchtend, daß der Realkredit, die Hypothek, nicht in der Person, sondern der Sache, dem Grundeigenthum, seine Stütze hat, daß die persönlichen Verhältnisse des Besitzers, der ohnehin wechselt und immer schneller wechseln wird, je mehr das Kapital den Grundbesitz beherrscht und auszubeuten sucht, nicht ins Gewicht fallen, sondern der Werth des Grundeigenthums selbst. Der Realkredit erfordert dingliche, feststehende Bürgschaft, er beruht nicht auf dem persönlichen Schuldverhältniß, und es kann nur ein in den römischen Staatsverhältnissen und der geringeren Würdigung des Grundbesitzes liegender Mangel römischer Rechtsanschauung sein, wenn die Hypothek als accessorische Verstärkung der persönlichen Obligation aufgefaßt wurde, statt umgekehrt der Realobligation die vorherrschende Bedeutung zu vindiciren, und die etwa konkurrirende persönliche Verpflichtung als ein accessorium zu behandeln. Der Grundeigenthümer, der seinen Grund und Boden zur

Hypothek bestellt, will eine Realobligation eingehen und der Kreditgeber auch nur eine solche erwerben. Dieß ist das Naturgemäße und Principale. Nicht das Römische Recht, dessen Obligationenrecht eben so vortrefflich und fein ausgebildet, als dessen Sachenrecht mangelhaft ist, und das überhaupt die Bedeutung und die Bedingungen des Realkredits nicht erkannt hat, sondern das Germanische Recht hätte unseren neuen Gesetzgebungen hier zum Anhalt dienen sollen. Die angemessene Fortbildung deutschen, angestammten Rechts würde die schönsten Früchte getragen haben. Das Germanische Recht hat zunächst durch seine Auflassung Sicherheit des Grundeigenthums gewährt; Bestimmtheit, Oeffentlichkeit und ein gewisses Maaß von Legalität war damit gegeben.

Diese Auflassung mußte allerdings mit verändertem Volks- und Staatsleben eine andere Gestalt annehmen und konnte auch in dem Hypothekenbuch (Erb- und Rentenbuch) und der Verschreibung eine zweckmäßige Form gewinnen, wenn das Verfahren hierbei nächst der Bestimmtheit und Oeffentlichkeit auch das Princip der Gesetzmäßigkeit in angemessener Beschränkung wahrte.

Es entsteht hierbei zunächst die Frage, ob der Staat einen direkten Zwang in der Art üben sollte, daß alles Grundeigenthum in den öffentlichen Grundbüchern eingetragen werden und daraus erhellen müsse? Man kann hier allerdings zugestehen, daß dieser direkte Zwang da nicht gerechtfertigt war, wo der Realkredit kein Bedürfniß war, weil das Grundstück seiner geringen Größe und seinem geringen Werthe nach überhaupt weder Sicherheit für den Kredit gewährt, noch auch der Grundbesitzer als solcher dadurch zu erhalten und zu pflegen ist. Grundbesitz, der nicht in sich selbst die Quellen seines Bestehens finden, der nur durch Verbindung mit anderweiten Erwerbswegen sich erhalten kann, kann auch nach den Grundsätzen einer vernünftigen Nationalökonomie nicht dem Grundbesitz gleichgestellt werden, welcher dem Eigenthümer und seiner Familie das Bestehen sichert und dem Staat und der Gemeinde durch seine feststehende, stetige Natur für Steuern und Leistungen Gewähr leistet. Man hat aber auch früher, und zwar anerkannte Meister des Rechts, und diese Ansicht ist auch jetzt noch nicht beseitigt, der Anwendung des direkten Zwangsverfahrens, jedoch mit Unrecht, das Wort geredet. Insoweit der Eigenthümer hierbei Schaden leiden könnte und der Staat in seinem Interesse den Zwang anwenden würde, so könnte hierin nur eine vormundschaftliche Thätigkeit liegen, wozu, man mag nun dazu an sich Berechtigung zu haben vermeinen oder nicht, ein Bedürfniß nicht vorhanden ist, weil, sind die Wege des Verfahrens leicht, bequem und nicht zu kostspielig, das eigene Interesse bessern Antrieb giebt, als Geldstrafen oder andere Zwangsmittel. Eben so wenig bedarf es eines solchen Zwanges zu Gunsten des Gläubigers, dieser wird nicht nur seine Rechte selbst geltend zu machen wissen, sondern er hat auch dazu durch den Rechtsweg das Mittel in der Hand, den Eigenthümer und Schuldner zur Berichtigung seines Besitztitels zu zwingen. Daß öffentliche Interessen aber solchen Zwang nöthig machten, ist eben so wenig nachweisbar und erfahrungsmäßig ein Nachtheil durch Aufhebung jener Zwangsmaaßregeln (wie sie im Jahre 1831 in der Hauptsache eintrat) nicht begründet. Denn Lasten und Abgaben für Gemeinde und Staat hangen von der Berichtigung des Hypothekenbuches nicht ab, und ob zur Wahrnehmung politischer Rechte diese nothwendig sei, dies kann der Prüfung des Einzelnen sehr wohl überlassen bleiben. Hat er ein Interesse oder einen Beruf jene Rechte auszuüben oder geltend zu machen, so wird er hiezu von selbst bestimmt werden. Dies direkte Zwangsverfahren ist überhaupt nur ein unzweckmäßiges, wenig erfolgreiches Surrogat des fehlenden Rechtsschutzes selbst. Dieser aber liegt darin, daß gesetzlich der Erwerb des Eigenthums an die Eintragung im

Hypothekenbuch d. h. an die moderne Auflassung geknüpft wird. Wenn freilich der Uebergang des Eigenthums durch den Erwerbstitel, er sei nun durch einen formellen Vertrag gegeben oder nicht, und durch die Tradition, und dadurch allein vermittelt wird, so ist die Bedeutung der Eintragung in das Hypothekenbuch verkannt, dem wohlthäigen Institut die Spitze abgebrochen und man mußte dem Bedürfniß durch künstliche, oft unwirksame Maaßregeln zu Hülfe kommen.

Nur wo der Grundsatz anerkannt wird, daß nicht durch Titel und die oft ganz leere und nur zum Schein erfolgte Uebergabe allein, sondern nur durch die Eintragung ins Hypothekenbuch Eigenthum der Grundstücke, wie Hypothek, erworben wird, kann der Realkredit eine feste und sichere Stutze finden.

Nicht minder nothwendig aber auch ist, daß aus dem Grundbuche bestimmt erhelle, wie das Grundeigenthum des Einzelnen an Größe und Zubehör beschaffen sei; denn der Gläubiger will und muß wissen, welche Sicherheit ihm geboten wird, und es ist daher die Verbindung des Hypothekenbuchs mit dem von Zeit zu Zeit zu rektificirenden Kataster nothwendig, muß wenigstens dadurch angestrebt werden, daß bei jeder Anlegung eines neuen Folii oder Tabelle für ein bestimmtes Grundstück die konkrete Natur des fundi durch genaue Bezeichnung und Vermessung festgestellt werde, um die zahlreichen Streitigkeiten hinsichtlich des Gegenstandes der Hypothek, insbesondere der Pertinentien, abzuschneiden. Bei Parzellirungen und Dismembrationen ist dieß unumgänglich, bei städtischem Grundbesitz sehr leicht ausführbar, und bei den ländlichen, durch die Resultate der Eigenthumsverleihung, der Regulirung der gutsherrlichen und bäuerlichen Verhältnisse und der Gemeinheitstheilungen und Ablösungen wesentlich erleichtert.

Eine vollständige Katastrirung alles Grundeigenthums im Staate, wie sehr sie auch in nationalökonomischer, statistischer und im Steuer-Interesse wünschenswerth erscheint, ist deshalb nicht sofort und auf einmal ins Werk zu setzen nöthig, wenn nur successiv darauf Bedacht genommen wird, die Grenzen, Größe und Zusammengehörigkeit festzustellen.

Der Darleiher muß aber auch ferner aus dem Grundbuche genau ersehen können, welche Sicherheit das ihm zu verpfändende Grundstück seiner Beschaffenheit und Natur nach in rechtlicher Beziehung gewährt, d. h. es müssen, abgesehen von Gemeinde- und Staatslasten, alle auf dem Grundstücke ruhenden Lasten, Beschränkungen, also auch Servituten und Reallasten deutschen Rechtes, aus dem Grundbuch erhellen. Bedürfen diese zur Begründung ihrer dinglichen Natur der Eintragung nicht, so ist die Sicherheit der Hypothek eine ungewisse, chimärische, der Werth des Grundstücks kann dadurch bis auf das Aeußerste verringert, der Gläubiger in dem im besten Glauben erworbenen Rechte auf das Grundstück erheblich geschmälert, ja um dasselbe gebracht werden, und damit sinkt auch der Realkredit des Besitzes von selbst. Alle solche Lasten müssen daher offenkundig gemacht, ins Hypothekenbuch eingetragen werden, widrigenfalls sie ein Realrecht nicht in Anspruch nehmen können. Das Grund- und Hypothekenbuch muß dem Publikum klare Einsicht gewähren, es nicht der Ungewißheit, mühsamen und oft vergeblichen Nachforschungen und der Gefahr des Verlustes Preis geben. Von dem Nutzen des öffentlichen Glaubens des Hypothekenbuches kann da gar nicht die Rede sein, wo dem Gläubiger Theile oder Pertinentien der verpfändeten Sache entzogen, unbekannte Lasten und Beschränkungen, die seine Sicherheit gefährden, entgegen gestellt werden können. Seit dem Erlaß der Gemeinheitstheilungs-Ordnung vom 7. Juni 1821 ist selbst bei Servituten kein wesentliches Hinderniß ersichtlich, auch haben die Ablösungs-Ordnungen hierin förderlich gewirkt. Transitorische Maaßregeln können den Uebergang in ein neues Verhältniß vermitteln.

Wird nach dem Gesagten das Princip der Auflassung festgehalten, so kann sich das Legalitäts-Princip nur so weit erstrecken, daß die Identität, Legitimation und Dispositionsfähigkeit des Eigenthümers, welche, soweit nicht besondere, durch Gesetz oder Eintrag festgestellte Beschränkungen vorliegen, schon durch das Hypothekenbuch gewährt werden wird, und ob im Allgemeinen, in abstracto ein rechtlicher Titel des Eigenthums-Uebergangs vorliege, der Prüfung der Hypothekenbehörde unterliegen. Weiter aber geht ihre Thätigkeit nicht. Ihr ist gleichgültig, ob die Tradition erfolgt ist, oder nicht. Sie hat den Erwerbstitel in concreto nicht zu prüfen. Soweit nicht eingetragene Rechte Dritter entgegenstehen, und wenn nicht eine offenbare gesetzliche Nullität des Rechtsgeschäfts vorliegt, kann sie sich, abgesehen von von den durch Testament, Erblegitimations-Attest und rechtskräftigem Erkenntniß begründeten Titeln, mit der allgemeinen Prüfung des angegebenen Besitztitels und der vor ihr von dem Eigenthümer verlautbarten Erklärung begnügen, daß. der Besitztitel auf den neuen Erwerber umgeschrieben werden solle. Persönliche Beziehungen, Anfechtungsmomente u. s. w. bleiben der Prüfung der Hypothekenbehörde entnommen, so wie die einzelnen Bestimmungen und das Detail des Rechtsgeschäfts. Es ist mit einem Wort nur der Wille des Eigenthümers zu constatiren, daß ein Anderer in die Rechte desselben eintreten solle, sei es durch unmittelbar von ihm abgegebene Erklärung, sei es durch richterliche Ergänzung, durch das Gesetz vermittelte oder in letztwilliger Erklärung ausgesprochen. Auch bei dem Uebergang eines dinglichen Rechts und einer Hypothek ist nichts weiter erforderlich, als diese Erklärung, daß dasselbe auf einen bestimmten Andern auf Grund des bestimmten Titels übergehen und auf seinen Namen geschrieben werden solle unter obigen Maaßgaben. Nicht minder hat die Behörde bei Eintragung dinglicher Rechte, insbesondere einer Hypothek, gleichfalls abgesehen von der Prüfung der Identität, Legitimation und Dispositionsfähigkeit des Bestellers, nicht weiter die Gültigkeit des Erwerbstitels in concreto zu prüfen. Der Veräußerer und Verpfänder kann, unbeschadet seiner persönlichen Rechte gegen den Käufer und Pfandnehmer und dinglich Berechtigten, abgesehen vom dolus, dem dritten Erwerber der Sache oder des Rechts keine Einwendungen entgegenstellen. Diesen schützt der öffentliche Glaube des Hypothekenbuchs. So hat der neue Eigenthümer, der Gläubiger, nicht nöthig, weitläufige Prüfungen aus Urkunden und Akten anzustellen, nur der eigene Titel, sein redlicher Glaube und der Inhalt des Hypothekenbuchs bedingen sein Recht. Ob für den Buch-Eigenthümer der Besitztitel mit Recht umgeschrieben ist, ob, dem Cessionair gegenüber, die Hypothek für den Cedenten mit Recht eingetragen worden, interessirt ihn nicht. Ihn schützt der Eintrag in das Hypothekenbuch. Nur so kann von den Wirkungen des öffentlichen Glaubens des Hypothekenbuchs ernstlich die Rede sein.

Daß auch die Vorschriften wegen Löschung von dinglichen und Hypothekenrechten, dem Grundbesitzer so wenig, wie dem Gläubiger, lästig fallen dürfen, versteht sich von selbst. Der eingetragene Berechtigte kann, sobald es sich von einer reinen Realobligation handelt, die Löschung bewirken, ohne Amortisation und Präclusion des Instruments, durch seine vor der Hypothekenbehörde verlautbarte Erklärung, daß er in die Löschung willige. Nachtheil könnte nur der Cessionair erleiden, welcher sich nicht hat eintragen lassen, was zur Uebertragung eines dinglichen Rechts unumgänglich ist. Ebenso erlöschen durch den Zuschlag in nothwendiger Subhastation die Hypotheken- und dinglichen Rechte von selbst, insofern sie nicht auf den neuen Erwerber übergehen, kraft des Gesetzes. Eintragungen von Amtswegen müssen auf das äußerste Maaß beschränkt, wo nicht ganz beseitigt werden, sie hängen denn mit der Besitz- und Dispositionsfähigkeit selbst zusammen. Protestationen können nur auf Antrag des Proceß-Richters eingetragen werden und nur mit bestimmter Frist, zur Ausführung des Rechts, widrigenfalls sie von Rechtswegen erlöschen, statthaft sein.

Die den Hypotheken-Berechtigten zu ertheilenden Urkunden bestehen außer der ursprünglichen Realobligation, der Uebertragungsurkunde des letzten Inhabers, aus dem Hypothekenschein oder Hypothekenattest. Zwischenurkunden, die den Uebergang auf den letzten Inhaber vermitteln, sind ihm unnöthig, er bedarf auch nicht der Einsicht des Hypothekenbuchs, geschweige der Grundakten. Der Hypothekenschein muß aber vollständig alle noch geltenden Eintragungen nachweisen, welche auf das Recht des Berechtigten von Einfluß sein können, so daß er ein vollständiges Bild des Hypothekenzustandes erhält. Die Urkunden können unter obigen Voraussetzungen nur wenig Umfang haben, und werden übersichtlich und klar werden. Daß es angemessen ist, die Geschäfte des Hypotheken- und Grundwesens dem Realrichter nach wie vor zu belassen, bedarf keiner Ausführung.

Daß Dismembrationen und Parcellirungen die Berichtigung der Besitztitel nicht ohne Noth aufhalten dürfen, versteht sich von selbst. Wenn aber fideikommissarischer und lehnsherrlicher Nexus Schwierigkeiten, Zeitverlust und Kosten herbeiführen, so müssen diese Nachtheile als nothwendige Folge von Institutionen erscheinen, deren Erhaltung und Befestigung gewissen Tendenzen besondere Vortheile zu sichern scheint.

Der Hypothekengläubiger muß aber auch ferner ein promptes und sicheres Executionsrecht für Kapital, Zinsen und sonstige Accessorien haben, insonderheit muß das Subhastationsverfahren ein sicheres, rasches Resultat gewähren, auch darf nicht durch zu hohe Sporteln das Recht des Gläubigers erschwert werden.

Der kleinere ländliche und städtische Besitz, der zur Eintragung in das Hypothekenbuch sich nicht eignet, einen Realkredit nicht zu erlangen im Stande ist, muß in anderen Creditmitteln,

z. B. Sparkassen, städtischen Leihanstalten, falls der Besitzer nicht persönlichen Kredit genießt, oder durch Pfand- und antichretische Verträge sich Geldmittel zu verschaffen gemeint ist, die nothwendige Hülfe finden, welche ihm die Hypothek nicht gewähren kann.

Nach dieser skizzenhaften Darstellung würde sich eine sichere und einfache Hypothekeninstitution ergeben, deren Ausbau keinen besonderen Schwierigkeiten unterliegt, und die in bestimmten, festen Sätzen Gewißheit und Klarheit in die das Grundeigenthum betreffenden Rechtsverhältnisse zu bringen vermöchte. In den nachfolgenden Betrachtungen soll zunächst der gegenwärtige Zustand des preußischen Hypothekenrechts nach Form und Materie in allgemeinen Zügen dargelegt, die Mängel derselben und deren Grund aufgezeigt, und gemäß den Grundansichten, welche im Allgemeinen ausgesprochen worden, die durch die Gesetzgebung zu bewirkende Abhülfe nachgewiesen werden. Dabei kann ein näheres Eingehen auf die neueste Hypothekennovelle nicht umgangen werden. Daran schließen sich die Betrachtungen über die Dismembrations-Gesetzgebung, das Subhastationsverfahren, wie es gegenwärtig beschaffen ist und wie es zu ordnen wäre.

---

§. 1. Die Hypotheken-Ordnung von 1783.

Der Standpunkt der Preußischen Hypotheken-Ordnung vom 20sten December 1783, welche den Haupt-Endzweck des Hypothekenwesens in die Feststellung der Eigenthumsrechte, des Kredits, der Besitzer unbeweglicher Grundstücke und der Sicherheit des Publikums bei den von ihm gemachten Anlehnen anerkennt, ist im Wesentlichen der, daß sie nur die Formen feststellt, die Grundsätze über Erlangung, Uebertragung und Aufhebung des Eigenthums, hypothekarischen oder anderweiten dinglichen Rechts aber dem materiellen Recht überweiset. Sie geht jedoch von der Nothwendigkeit aus, daß über jedes Grundstück ein Hypothekenbuch geführt werde, weil es der öffentlichen Ordnung und Sicherheit daran gelegen, daß das Eigenthum an Grundstücken nicht zweifelhaft und ungewiß sei, und daher alle Veränderungen mit dem Eigenthum der Hypothekenbehörde angezeigt und in dem Hypothekenbuche vermerkt werden, und führte selbst positive Zwangsmaaßregeln dafür ein, welche freilich so wenig dem Zwecke entsprochen haben, daß sie nach mannichfachem Schwanken der Gesetzgebung durch die Kgl. Kab.-Ordre vom 31. Oktober 1831 in der Hauptsache beseitigt wurden. (§. 44. ff. Tit. 2. und §§. 1. seq. §. 6. Tit. 1. der Hypotheken-Ordnung.) Der eigentliche Grund der Hypotheken-Buchführung, welche ein vollständiges Grundbuch (d. h. ein Erben- und Rentenbuch) zum Ziel hat, liegt aber offenbar nicht in publicistischen Verhältnissen, sondern nur in der Veräußerlichkeit und Belastungsfähigkeit des Grundeigenthums, also in den Bedürfnissen des privatrechtlichen Verkehrs, wie dies aus den §§. 6., 7. Tit. 1. der Hypotheken-Ordnung klar hervorgeht. Die Hypotheken-Ordnung basirt nicht auf dem Kataster, sie enthält nicht die Bestimmung, daß das Areal und die einzelnen Pertinentien, so weit sie nicht unter einer besonderen Jurisdiction liegen, oder neu zugeschlagen worden, nothwendig specificirt werden müssen (§§. 12. 13. 33. 34. l. c.), sie begnügt sich damit, daß diejenigen Kriterien aus dem Hypothekenbuch erhellen, welche das Grundstück von anderen unterscheiden. Sie gestattet die Anlegung eines Hypothekenbuchs über den Complexus mehrerer Güter als Ganzes, als Herrschaft, und will in solchem Falle die einzelnen Güter bezeichnet wissen. Das Hypotheken-Folium der Hypotheken-Ordnung ist kein Personal-, sondern ein Grund-Folium. Die drei Rubriken desselben sollen vollständig konstatiren, a) wer der jetzige Eigenthümer sei, und aus welchem Erwerbstitel und für welchen Erwerbspreis oder Werth er es erlangt, b) die Beschränkungen der Dispositionsfähigkeit (§. 50.) und die beständigen Realverbindlichkeiten und Lasten, welche zu ihrer dinglichen Sicherung der Eintragung bedürfen (§. 47. seq. Tit. 1.). Es gehören nicht dahin die gemeinen Lasten und Pflichten, welche selbstverständlich schon von dem Kaufwerth abgezogen und daher dem Erwerber nicht besonders bekannt zu machen sind, indem das Hypothekenbuch darüber keine Auskunft geben soll, vielmehr der Erwerber sich anderweit vergewissern kann, wohl aber diejenigen, welche auf speciellem Titel beruhen (§. 49.). c) Belastungen des Grundstücks, die nur einen Theil seines Werths betreffen, Schulden aller Art und Realverbindlichkeiten, die keinen beständigen Charakter an sich tragen. Die Hypotheken-Ordnung fordert nicht, daß Servituten eingetragen werden, hält dies vielmehr nur für zulässig (§. 54.). Eben so wenig bestimmt sie, daß nur Geldsummen und auf diese reducirte sonstige Leistungen eingetragen werden dürfen.

Sie hält dagegen fest das Princip der Specialität, der Publicität und Legalität, freilich nicht überall durchgreifend. Denn die Publicität ist, abgesehen davon, daß der Inhalt des Hypothekenbuchs nicht alle das Grundeigenthum berührende Fragen, namentlich Umfang und Bestandtheile und alle Belastungen kund giebt, auch in subjectivem Sinne beschränkt. Die Einsicht des Hypothekenbuchs ist an den Nachweis oder Bescheinigung eines wirklichen Rechts oder gegründeten Interesses und die Bewilligung der Hypothekenbehörde geknüpft (§. 72. seq. I. 303. II.). Das Legalitäts-Princip erstreckt sich allerdings nicht blos auf die Richtigkeit der Buchführung und der durch diese bezeugten Rechtsgeschäfte (§. 76. I.), sondern es sollen auch die Hypothekenbehörden mit möglichster Sorgfalt verhüten, daß keine gesetzwidrigen oder offenbar ungültigen Rechtsgeschäfte eingetragen werden, daß das Vertrauen des Publikums auf die Legalität der

Eintragungen nicht gemißbraucht und nicht Grund zu künftigen Processen und Weiterungen, durch Unvollständigkeit, Unklarheit der Urkunde über das Rechtsgeschäft gegeben werde (§. 12. seq. Tit. 2. §. 59. ib.), dennoch sollen diese Behörden die Rechtsgültigkeit der von den Partheien vorgenommenen Handlungen nicht vertreten dürfen (§. 77. Tit. 1., §. 12. Tit. 2., cf. §. 28. Tit. 2. Theil II. Ger.-Ordnung und §. 10. Tit. 3. Theil II. Ger.-Ordnung). In der angeordneten Schriftlichkeit aller Verhandlungen beim Hypothekenbuch (§. 3. Tit. 2., §. 12. Tit. 3.), der ausgedehnten und scrupulösen, freilich nur dem guten Willen und der Einsicht der Behörden und der Kontrolle derselben anheimgegebenen Voruntersuchung (§. 13. seq. Tit. 2.), in dem Grundsatz, daß die äußere und innere Form der Rechtsgeschäfte und die materielle Gültigkeit derselben geprüft werden soll, wenn auch nicht die Zulänglichkeit der Hypothek, daß also der Schwerpunkt der Hypothek nicht in die Eintragung allein, sondern in die Gültigkeit des Rechtsakts als wesentliche Bedingung gelegt wird, liegt von selbst ein retardirendes Moment, welches zur Zeit der Emanation der Hypotheken-Ordnung allerdings um so weniger ins Gewicht fiel, als die Arbeitskräfte der Behörden den Zeitanforderungen genügen mochten. Diese Hemmniß ist um so größer, als das nothwendig zu erlassende Decret der Prüfung dreier Richter unterliegen soll (§. 25. Tit. 2.), anderer Weitläuftigkeiten (§. 39., 40., 41., 47. I., §. 83. seq. Tit. 2., §. 91. II.) nicht zu gedenken; abgesehen von dem Vortrag in der Sitzung selbst. Daß hierdurch ein Verfahren begünstigt werden kann, das aus grundlosen Bedenken die Interessenten gefährdet, bedarf nur der Andeutung, zumal der Ausweg von Protestationen pro conservando jure et loco (§. 18. 289. l. c.) um so unsicherer ist, als fraglich bleibt, was nur zu äußeren rechtlichen Erfordernissen des einzutragenden Aktes gehöre, wozu sonderbarerweise auch der Legitimationspunkt gestellt worden, und nur in der Eintragung von Protestationen de non disponendo (§. 57., 72., 153., 188. Tit. 2.) und Eintragung auf Gefahr (§. 134., 137., 139. Tit. 2.) einiger Schutz vor Nachtheilen gefunden werden mag, wenn hierdurch auch die Fesseln der Dispositions-Befugniß nicht zu lösen sind. Die Hypotheken-Ordnung ging nämlich von dem Grundsatze aus, daß die Eintragung des Besitztitels (resp. einer Forderung) (§. 241. II.) den Zweck habe, die rechtlichen Verfügungen über das Grundstück, so weit sie hypothekarische, dingliche Rechte begründen sollten, zu ermöglichen. Die Eintragung des Besitztitels begründet die Legitimation, nicht den Uebergang des Eigenthums selbst (trotz §. 92. Tit. 2. der Hypotheken-Ordnung), welcher in dem vorhergehenden Rechtsgeschäft selbst liegt. Eben deßhalb mußte sie auch die Prüfung desselben anordnen, wenn sie das Legalitäts-Princip in ihrem Sinne wahren wollte. Darum soll das Erwerbs-Instrument eingereicht und geprüft werden, insbesondere nicht blos der Legitimation und der Form, sondern auch der inneren Rechtsgültigkeit nach (§. 59. II.): darum wurde gerichtliche oder notarielle Form der Instrumente vorgeschrieben (§. 60. ff.) deshalb war auch unter Umständen sogar gerichtliche Bestätigung nöthig. Die gerichtliche Auflassung und Uebergabe, Civilverreich, Investitur u. s. w. erscheint nur als ein zuläſſiges, nicht wesentliches Nebenher. Der Verlautbarung (Allg. Ger.-Ordnung Tit. 1. Thl. II. §. 3.), die später theilweise beseitigt wurde, (Gesetz v. 23. April 1821, cf. auch Allg. Landrecht 2. Tit. 17. §. 53., 56.) gedenkt die Hypotheken-Ordnung nicht. Nur eine Andeutung der Auflassung liegt in der nothwendigen Intabulations-Clausel der Hypothek (§. 148. II.). Einen absoluten Schutz des neuen Erwerbers konnte die Hypotheken-Ordnung nur in dem Kauf sub hasta oder einem Präclusions-Erkenntniß finden und verwies auch die Hypothekarien hierauf (§. 103. II.).

Was insbesondere die einzutragenden Realverbindlichkeiten anlangt, so kennt die Hypotheken-Ordnung, freilich mit Beschränkung, noch eine gesetzliche und stillschweigende Hypothek (§. 104., 109., 184. seq. 186. II.), und war insofern noch nicht zum vollen Anerkenntniß des Princips der Publicität durchgedrungen. Außerdem erforderte sie bei den oneribus perpetuis noch eine besondere gerichtliche Konfirmation des Geschäfts (§. 114. seq. II.).

Das Legalitätsprincip ist anerkannt (§. 112., 127. ff. Tit. 2.) und im Allgemeinen ebenso das der Publicität (cf. §. 158.). Das der Specialität wird aber gefährdet, weil die Hypotheken-Ordnung gemeinschaftliche Verpfändung mehrerer Grundstücke für dieselbe Schuld zuläßt (§. 159. seq. 165. II.), wenn auch Generalhypotheken nicht die Rechte einer ingrossirten Forderung geben (§. 167. ib.).

Die Hypotheken-Ordnung faßt die Hypothek als accessorium der persönlichen Obligation auf, und hat eben deshalb zur Sicherung der fides publica des Hypothekenbuchs und Schutz des Eigenthums Fristen und Protestationen zur Wahrung der Einwendungen, insbesondere der exceptio n. num. pecuniae aufgestellt (§. 174. ff. II.), wogegen sie wieder die Eintragung der Cessionen nur für räthlich, nicht für nöthig erachtet (§. 210. ff.). Eine Folge hiervon ist, daß der Erwerber einer Hypothek durch den Inhalt des Hypothekenbuchs allein nicht geschützt ist, er muß, abgesehen vom Hauptinstrument, auch die Erwerbstitel der Zwischen-Cessionarien prüfen und sich den Gefahren aussetzen, welche die Hypotheken-Ordnung, obwohl nicht erschöpfend, andeutet, und gegen welche die Eintragung der Cession allein Schutz gewähren würde. Das Hypothekenbuch gewährt demnach keinen Nachweis der Inhaber der Hypotheken, und diese so wenig, als die nicht eingetragenen Grundstücks-Erwerber, sind gegen die Konsequenzen des Grundsatzes geschützt, daß der eingetragene Eigenthümer oder Realberechtigte die Befugniß zu anderweiter Disposition hat.

Bei Löschungen eingetragener Rechte wahrt zwar die Hypotheken-Ordnung auch das Legalitätsprincip (§. 243. seq. II,), selbst über den Legitimationspunkt hinaus, weil sie aber eben deshalb den Mißbrauch mit den Hypotheken-Instrumenten verhüten will, so erfordert sie Beibringung der Eintragungsurkunden, oder Mortifikation derselben und Amortisations-Erkenntnisse, wenn auch nicht beim Ausfall im Concurs- und Liquidations-Proceß und bei einer blos vormundschaftlichen Caution (§. 244., 261., 262., 264., 266. ff. 273. ff. II.)

Durch die Löschung erlischt nicht das dingliche Recht an sich, sondern nur das mit der Ingrossation verbundene Vorzugsrecht (§. 284. II.), ein Grundsatz, der wider das Princip der Publicität verstößt.

Illiquide Realrechte können in Form von Protestationen nach einseitiger Prüfung eingetragen werden (§. 289. ff. II.). Der Eigenthümer ist zum Proceß auf Löschung verwiesen (§. 297.).

Hypothekenscheine, die, Löschungen abgerechnet, den Interessenten stets ohne Antrag recognitionis causa gegeben werden, enthalten im Wesentlichen mit geringen Modificationen eine integrale Abschrift des Hypothekenbuchs. Die angeordnete Führung von Ingrossationsbüchern zur Kontrolle ist längst beseitigt und die Vorschriften wegen Anlegung neuer Hypothekenbücher sind eben so vielfach modificirt worden; sie haben für unsern Zweck wenig Bedeutung, vielmehr genügen obige Bemerkungen über den inneren Organismus des Hypothekenverfahrens und den Standpunkt der Hypotheken-Ordnung.

§. 2. Das Allgemeine Landrecht.

An den formellen Vorschriften der Hypotheken-Ordnung hat das später emanirte Gesetzbuch nichts Wesentliches geändert, wohl aber zum Theil die materiellen Grundlagen derselben. Es ist erforderlich, das System des Gesetzbuchs über Eigenthum und Hypothek ins Auge zu fassen. Das Allgemeine Landrecht gründet den mittelbaren Erwerb des Eigenthums auf die alte Theorie vom Rechtstitel und der Erwerbsart. Nur in einzelnen Fällen — beim nothwendigen Verkauf, dem Erbschaftskauf, Erwerb durch Loos, des Lehns, bei der Gütergemeinschaft, im Seerecht, Bergrecht, Allgemeines Landrecht I., XI. §. 342., 474., 573., XII. §. 92.—94., II., I. §. 361., 362., II., VIII. §. 1346., II., XVI. §. 260., wird der modus acquirendi gesetzlich supplirt, und tritt Kraft Gesetzes auch ohne Uebergabe das Eigenthum in rechtliche Wirkung. Wo aber nicht das Gesetz die Uebergabe ausnahmsweise für unnöthig erklärt, da ist die Tradition, die Uebergabe nothwendig, um Eigenthum zu übertragen und zu erwerben. Die unmittelbaren Erwerbsarten haben für das Hypothekenbuch weniger Bedeutung, denn da nur der Staat ein Recht auf herrenloses und derelinquirtes Grundeigenthum hat, die Lehre vom abgerissenen Lande, den Alluvionen, Inseln, Flußbetten und Zuwüchsen wenig Anwendbarkeit hat, jedenfalls das Grundbuch nicht direkt interessirt, die Verjährung durch Besitz bei regulirtem Hypothekenbuche ausgeschlossen ist (§. 571. Tit. 9. Thl. I.) und die Erbschaft (cf. l. 9. §. 368.) überhaupt wenig Schwierigkeit darbietet, so ist es vorzugsweise der mittelbare Erwerb, der uns hier interessirt. Dieser ist also bei Grundstücken nur möglich, wenn neben dem guten Glauben, als allgemeiner Bedingung (§. 24. Tit. 10. Thl. I. Allg. Landrecht), Besitztitel und Uebergabe konkurriren. Der Titel kann im Gesetz und richterlichem

Erkenntniß und in der Willenserklärung liegen. Die Eintragung in das Grundbuch ist zum Eigenthumserwerb nicht erforderlich. Sie giebt blos den Nachweis der Legitimation und berechtigt zu weiterer Verfügung durch Veräußerung und Verpfändung, oder vielmehr begründet die Vermeidung gewisser Nachtheile aus der Disposition des Buch-Eigenthümers, wenn derselbe das Eigenthum bereits abgetreten. Das Gesetz stellt nämlich die Fiktion auf (§. 6. Tit. 10. Thl. 1.), der eingetragene Eigenthümer sei auch der wahre. Wer mit dem eingetragenen Eigenthümer redlicher Weise verhandelt hat, ist also gegen den wahren Eigenthümer geschützt. Dieser kann sich nur an den eingetragenen Eigenthümer halten, d. h. die Fiktion gilt nicht unter den unmittelbaren Kontrahenten, dem wahren Eigenthümer und dem eingetragenen Schein-Eigenthümer, sondern nur zu Gunsten Dritter, zu Gunsten des öffentlichen Kredits und des nothwendigen Glaubens des Hypothekenbuchs. Das Gesetz schließt aber die Wissenschaft des Dritten und den Fall aus, daß das Eigenthum des eingetragenen Eigenthümers nach Inhalt des Hypotheken-Buchs zweifelhaft oder streitig ist. Sonach hat nach dem Allg. Landrecht die Eintragung des Eigenthums im Grundbuch nicht die Bedeutung der deutschen Auflassung, sie überträgt das Eigenthum nicht, sondern kömmt nur dem dritten Kontrahenten zu Statten, indem sie die Legitimation des Veräußerers für ihn begründet, wenn gleich nicht durchgreifend, da die Vindikation nicht ausgeschlossen ist, und nur Edictalcitation den Verlust des früher erlangten Eigenthums begründet (Allg. Landrecht 1., 15. §. 42. ff. 54. ib. und 1., 2. §. 138.). Da aber das Gesetzbuch die Auflassung nicht anerkennt, in welchem Falle es für das Grundbuch auf Titel und bona fides gar nicht weiter ankam, so mußte es eben auf die Gültigkeit des Titels und die bona fides Gewicht legen, während es die Uebergabe selbst nur voraussetzt, und wenig Werth auf strengen Nachweis derselben legt, so daß in der That der Regel nach sie zu einem bloßen Schein-Requisit herabgesunken ist. Ebenso ist auch bei dem Bergwerks-Eigenthum die Eintragung in das Berggegenbuch kein essentiale des Eigenthum-Erwerbs (§. 255. ff. Tit. 16. Thl. II. Allgem. Landrecht, Plenar-Beschluß des OberTribunals v. 7. Juli 1851. Entsch. Bd. 21. S. 10 ff.).

Weil aber das Gesetzbuch der Eintragung ins Hypothekenbuch nicht die Bedeutung der Auflassung verlieh, und dieselbe zum wesentlichen Erforderniß der Eigenthums-Uebertragung machte, mußte es ferner den direkten Zwang zur Berichtigung des Besitztitels anordnen, weil ihm daran lag, die Ungewißheit des Eigenthums der Grundstücke zu verhüten, freilich nur aus vormundschaftlichem Motiv, eine Maaßregel, welche inkonsequent genug durch die Königl. Kab.-Ordre vom 31. Oktober 1831 wieder aufgehoben wurde. Es mußte ferner besonderes Gewicht auf die Form der Besitztitel legen, und sah sich ferner genöthigt, Grundsätze aufzustellen über die Kollision mehrerer Erwerbstitel (§. 18—20. Tit. 10. Thl. I. Allg. Landrecht). Der Erwerber vom eingetragenen Eigenthümer erwirbt sonach nicht ein unanfechtbares Eigenthum, er erlangt auf Grund der für ihn sprechenden fides publica des Hypothekenbuchs nur eine bonae fidei possessio, weil das Allgem. Landrecht dem Grundsatz der Publicität huldigt, welche das Hypothekenbuch gewährt, freilich nicht konsequent genug, wie §. 260. Tit. 18. Thl. I. Allgem. Landrecht ergiebt, wonach der Erwerber sogar nur allegirte Urkunden prüfen muß.

Den Erwerb dinglicher Rechte an fremdem Eigenthum knüpft das Allgem. Landrecht an die Besitz-Einräumung (§. 4., 6., 7. Tit. 19. Thl. I. Allgem. Landrecht. §. 135. Tit. 2. Thl. I. Allgem. Landrecht) insoweit die Rechte mit dem Besitz der Sache verbunden sind, widrigenfalls sie allerdings der Eintragung bedürfen, um den dritten Erwerber zu verbinden, so beim Vorkaufsrecht, das auf vertragsmässigem Titel beruht (§. 570.,

573. Tit. 20. l. c.), während das gesetzliche der Eintragung nicht immer bedarf (§. 574., 631. l. c.); dasselbe gilt vom Nutzungsrecht (§. 2. Tit. 21. l. c.), so jedoch, daß die Eintragung die Stelle der Besitzübertragung vertritt (§. 4. l. c.), und das gesetzliche den neuen Erwerber in gewissen Fällen allerdings verbindet (§. 6.), sobald nämlich der Erwerber die Sache wußte, oder (culpa levis ist zu vertreten) wissen konnte, daß zwischen dem Veräußerer und dem Nutzungsberechtigten das im Gesetz vorausgesetzte persönliche Verhältniß bestand. Durch Verjährung (Besitzung) begründete Nutzungsrechte haben dingliche Natur ohne Eintragung (§. 7. l. c.). Die unterlassene Eintragung des Nießbrauchs, steht allerdings den Hypothekengläubigern nicht entgegen (§. 73. l. c.) und die Eintragung schützt den Nießbraucher gegen Verjährung (§. 96. l. c.), so wie auch der Lehns- und Erbzinsherr mindestens die Qualität des Grundstücks eintragen lassen muß, wenn sie sonst nicht erhellt. Mieths- und Pachtrecht haben gleichmäßig dingliche Natur auch ohne Eintragung. Diese kann nur Vorzugsrecht im Konkurse und Schutz bei Pränumerando-Leistungen gewähren. Endlich sollen zwar servitutes non apparentes, discontinuae, die den Nutzungs-Ertrag schmälern, zur Eintragung gelangen, allein auch diese Vorschrift ist durch den §. 58. des Anhangs zum Allg. Landrecht wieder aufgehoben worden. Hieraus erhellt, daß auch abgesehen von den deutschrechtlichen Reallasten, Nutzungsrechte und Servituten den neuen Erwerber verbinden, wenn gleich weder das Hypothekenbuch noch sogar die Erwerbs-Urkunde eine Auskunft darüber gewährt. Der neue Erwerber ist also nicht durch den Inhalt des Hypothekenbuches geschützt und nur so weit, als die Eintragung ins Hypothekenbuch ausdrücklich vorgeschrieben ist, wie bei der Antichrese und dem Pfandrecht. Wie steht es nun mit der Hypothek selbst nach dem Allgemeinen Landrecht?

Es erkennt zunächst nur die accessorische Natur desselben

an, kennt also keine selbstständige Realobligation (§. 1., 12., 410., 415., 451. Tit. 20. l. c.), woraus denn von selbst die Erlöschung der Hypothek mit dem Erlöschen der Hauptverbindlichkeit folgen würde (§. 55., 64. l. c.). Da jedoch nur wirkliche Löschung vermöge der fides publica des Hypothekenbuchs die Hypothek aufhebt und sonach die nur accessorische Natur derselben, welche nach dem römischen Princip den Wegfall mit der Tilgung der Schuldforderung begründet, mit dieser fides publica in nothwendigem Konflikt steht, so mußte die Gesetzgebung diese Erlöschung nicht nur ausdrücklich ausschließen, sondern auch die künstliche Fiktion aufstellen, wonach der zahlende Eigenthümer, oder der sonst zur Löschung berechtigte Eigenthümer, als Cessionar der Hypotheken-Forderung selbst erachtet wurde, um so auf künstlichem und unnatürlichem Umwege dem Eigenthümer die Disposition über den freigewordenen Theil des Grundstücks, ohne Widerspruch der später eingetragenen Gläubiger zu verschaffen (Anhang z. Allg. Landrecht §. 52. und Declar. v. 3. April 1824), eine die Eigenthümer begünstigende, die postlocirten Gläubiger gefährdende Vorschrift, wenn sie dagegen keine Sicherheitsmaaßregel vorkehren, eine Fiktion, deren es nicht bedurfte, wenn die Hypothek als selbstständige Realobligation aufgefaßt wurde.

Sodann hat das Allgemeine Landrecht allerdings die stillschweigenden und gesetzlichen Hypotheken zu bloßen Titeln degradirt, ihnen die Wirkung gegen den dritten Erwerber genommen (§. 2. bis 5. l. c.), es knüpft vielmehr die Kraft des Pfandes und der Hypothek an die Eintragung selbst (§. 100., 255., 411., 448. ff. 453., 455., 470., 502. l. c.) und hierin ist ein Fortschritt gegen die Hypotheken-Ordnung nicht zu verkennen. Es erkennt auch sonst (§. 17., 20., 41., 404., 425. ff. 447., 460—5., 477. ff. 492., 493., 497. Anhang §. 53., §. 514., 522., 523., 527., 529. l. c.) die Bedeutung der fides publica des Hypothekenbuchs an, wenn gleich die §§. 407—409. l. c. scheinbar und

§. 248., 535. l. c. eine wirkliche Ausnahme enthalten. Cessionen und Verpfändungen behalten jedoch ohne Eintragung ihre Kraft.

Das Legalitätsprincip ist im Sinne der Hypotheken-Ordnung beibehalten (§. 428. ff. l. c.), ja noch ausgedehnt (§. 430—435.,' 451., 452., 503. l. c.). Das Princip der Specialität ist gleichfalls anerkannt, aber das Allg. Landrecht erkennt doch Hypotheken in unbestimmter Höhe, z. B. bei Cautionen, Kosten, für bedingte Ansprüche aller Art an, und schließt auch nicht Ansprüche aus, welche nicht auf bestimmte Geldsummen reducirt sind. Nicht minder erkennt es Correal-Hypotheken an, Verpfändungen mehrerer Grundstücke für eine Schuld zum vollen Betrage.

Da das Hypotheken-Recht an die Eintragung geknüpft ist, so erlischt es auch nur durch Löschung. Der Grund mag in Tilgung der Hauptverpflichtung, Aufhebung des Hypotheken-Rechts oder in Irrthum und Täuschung liegen. Bei ungebürlicher Löschung behält der Benachtheiligte nur das Recht auf Wieder-Eintragung oder sein sonstiges Vorzugsrecht. Die Paragraphen 526. ff. können sogar dahin gedeutet werden, daß ein Hopotheken-Recht als dingliches vel quasi auch vor der Wieder-Eintragung bestehe, was aber wohl nicht die Absicht des Gesetzgebers gewesen.

Die Wirkungen des Hypotheken-Rechts nach seinem Umfange rücksichtlich der versicherten Forderung und des zur Sicherheit bestellten Objekts bedürfen hier keiner Erwähnung, mögen auch die Vorschriften wegen der Zinsenberichtigung, namentlich hinsichtlich versessener Zinsen und bei Insufficienz der Masse (cf. §. 535., 246—248., 504. seq. l. c. §. 18. der Verordnung vom 4. März 1834., §. 10. der Verordnung vom 28. Dezember 1840) mit dem Grundprincip der Publicität nicht vollkommen harmoniren, da es nicht in der Absicht liegt, eine vollständige

Kritik des ganzen Hypothekenrechts oder eine Erläuterung desselben zu geben.

Dies ungefähr ist in allgemeinen Zügen das Bild des Hypothekenrechts und des Hypothekenverfahrens nach der Hypotheken-Ordnung und dem Allgemeinen Landrecht. Es wurden durch die späteren Gesetze verschiedene das Verfahren erleichternde Modificationen getroffen; so die Gesetze zur Erleichterung der Besitztitelberichtigung (Verordnung vom 31. März 1833, Kab.-Ordre vom 9. Mai 1839, Gesetz vom 7. März 1845), über das Amortisationsverfahren verlorener Hypotheken-Instrumente, über Domainenabgaben und Inventariengelder (3. Juli 1843), über die Ausdehnung der Befugnisse der Notare (11. Juli 1845); andere Gesetze erleichterten den Abverkauf und den Austausch kleiner Parcellen (13. April 1841 und 3. März 1850), erweiterten die Befugnisse der Beneficial-Erben (25. März 1840), befreiten die Pfand- und Hypothekengläubiger von der Verpflichtung sich in den Konkurs einzulassen (28. Dezember 1840), nicht minder beschleunigten die Gesetze über den Mandatsproceß, die Verordnungen vom 4. März 1834 über Exekution und Subhastation die Procedur und kamen auch dem Hypothekenverkehr zu Statten. Dagegen ist in Folge der Gesetze über Freiheit des bäuerlichen Eigenthums, der gesammten Agrar- und Dismembrations-Gesetzgebung, so wie wegen Veräußerung und Belastung der Domainen, so wie durch die aus den Kriegen herbeigeführte Verschuldung der Lehne und Fideikommisse, ferner in Folge der städtischen Gemeindeordnungen und des Pfandbriefsinstituts, die Thätigkeit der Hypotheken-Behörden nicht nur bedeutend erweitert, sondern auch, neben einer großen Menge von Ministerial-Anordnungen, welche die Hypotheken-Behörden zu befolgen haben, wenn sie auch zum Theil auf Erleichterung des Verfahrens hinzielten, und zum Theil eine Fülle von Belehrungen enthalten, deren Quelle erst in neuester Zeit abgeschnitten worden, sehr erschwert worden, so daß ein gründliches Studium und die genaueste Aufmerksamkeit nöthig ist, um Verstöße zu vermeiden, so daß das Hypothekengeschäft, welches jetzt fast ganz in den Händen der ohnehin überlasteten Untergerichte ruht, ein schwieriges und umfangreiches geworden ist, dessen Ausübung in Folge der ausgedehnten Verantwortlichkeit, welche das Legalitäts-Princip in zu großer Ausdehnung bedingt, auch ein präjudicirliches ist. Denn in den Hauptgrundsätzen des formellen und materiellen Hypothekenrechts ist bis auf die vor Kurzem ins Leben getretene Novelle, die weiter unten Gegenstand besonderer Besprechung sein wird, nichts geändert worden.

---

§. 3. Praktische Resultate der Preuß. Hypotheken-Gesetzgebung vor der Novelle.

Frägt man nun, in wie weit der Zweck der Grundbuchführung und des Hypotheken-Instituts in der That erreicht, und die Gesetzgebung, unbeschadet des sonstigen anzuerkennenden Werths und der relativen Vortrefflichkeit derselben, fruchtbringend gewesen, so muß, selbst wenn statistische Nachweise die große Thätigkeit der Behörden in Anlegung neuer und Regulirung alter Folien, zumal bei dem Wechsel der Gesetzgebungen in einzelnen Provinzen, und trotz der Aufhebung des direkten Zwanges zur Berichtigung des Besitztitels, ins glänzendste Licht stellen sollten, was jedoch hinsichtlich der veränderten bäuerlichen Verhältnisse, zahlreichen Parcellirungen, Dismembrationen und neuen Ansiedelungen, Ablösungen und Gemeinheitstheilungen, vielleicht in Zweifel gestellt werden kann, die obige Frage dahin beantwortet werden, daß ungeachtet der Fortschritte des Preußischen Rechts im Gegensatz zu dem gemeinen und im Gegensatz zum französischen, dennoch die Resultate hinter der wohlwollenden Absicht der Gesetzgebung zurückgeblieben und nicht erreicht worden sind. Der Realkredit hat keineswegs die Sicherheit erlangt, welche zu seiner Hebung nothwendig ist, weshalb denn auch, bei der Leichtigkeit und dem Reiz, welche die Verwendung des Kapitals zu industriellen Anlagen, zu Aktienvereinen, und die Anlegung in Staats- und anderen öffentlichen Geldpapieren bieten, dem Landbau und der Viehzucht die Kapitalien entzogen oder nur mit Einbuße und zu hohem Zinsfuß gewährt werden. Ist nun zur Hebung des Personalkredits durch Wechsel- und schleunige Procedur- und Exekutions-Gesetze, mannigfach gesorgt, so hat die Gesetzgebung, welche hier allein Hülfe zu schaffen vermag, allen Grund, die Hindernisse und Schwierigkeiten rechtlicher Natur aus dem Wege zu räumen, welche dem Aufblühen und der wohlthätigen Bewegung des Realkredits entgegenstehen. Diese Hindernisse liegen aber nicht blos in der Kostspieligkeit und Weitläuftigkeit des Verfahrens, sie liegen in den materiellen Rechtsgrundsätzen selbst. Bevor dieser Nachweis versucht wird, ist es interessant zu betrachten, welche Fragen vorzüglich die Entscheidung des höchsten Gerichtshofes hervorgerufen haben. Die Praxis des Ober-Tribunals hat, so weit sie sich aus den Sammlungen der Rechtssprüche von Simon und Strampf, den Entscheidungen des Ober-Tribunals, den Rechtsfällen und dem Archiv derselben, ergeben, also seit einer Zeitdauer von etwa 30 Jahren, eine Fülle von Fragen beantwortet, die zum Theil einzelne Paragraphen der Hypotheken-Ordnung und des Allgemeinen Landrechts und ergänzender Gesetze betreffen, zum Theil allgemeiner Natur sind, die bald direkt, bald indirekt, den Realkredit berühren.

Die nachstehende kurze Uebersicht wird darüber einigen Aufschluß geben.

Die veröffentlichten Entscheidungen beziehen sich auf folgende Fragen:

1) In wie weit die Hypothek für Zinsen und Kosten haftet?
Rechtssprüche Bd. 1. S. 87. Entsch. Bd. 1. S. 212., Bd. 8. S. 337.

2) Ueber den Umfang der hypothekarischen Sicherheit dem Objekte nach.
Rechtssprüche Bd. 4. S. 3. Entsch. Bd. 2. S. 319. ff. (§. 443., 480., Tit. 20. Thl. I. Allgem. Landrecht). Plenar-Beschluß vom 29. April 1839 Bd. 4. S. 1. ff. Entsch. Bd. 10. S. 166., Bd. 13. S. 272., Bd. 21. S. 429. Archiv I. 331. Bd. 6. S. 91.

3) Ueber die Zulässigkeit einer Hypothek auf die Revenüen eines Grundstücks.
Entsch. Bd. 11. S. 317.

4) Ueber die Wirkung der Uebernahme der Hypotheken in partem pretii.
Rechtssprüche III. 166., IV. 325. Entsch. I. S. 90., XIX. S. 203. (Pr. 2157.) Archiv. II. 292.

5) Ueber die Bedeutung der via executionis eingetragenen Hypothek.
Entsch. Bd. 2. S. 47., Bd. 3. S. 235., Bd. 9. S. 286., cf. Archiv Bd. 9. S. 65.

6) Ueber das Interims-Recognitionen-System und die Verordnung vom 16. Juni 1820.
Entsch. Bd. 1. S. 111., Bd. 9. S. 276. ff., Bd. 15. S. 232. Arch. 9. S. 382.

7) Ueber den Uebergang des Eigenthums bei Theil-Cessionen.
Entsch. Bd. 1. S. 333., Bd. 4. S. 70.

8) Ueber die Anwendbarkeit der Verordnung v. 9. Dez. 1809.
Entsch. Bd. 6. S. 338., Bd. 8. S. 39. Plenar-Beschluß vom 30. Mai 1842.

9) Ueber Prioritäts-Einräumungen.
Entsch. Bd. 6. S. 359.

10) Ueber das Widerspruchsrecht postlocirter Creditoren gegen Verität und Priorität prälocirter.
Ensch. Bd. 11. S. 52. (Plenar-Beschluß vom 19. September 1845).

11) Ueber Verpfändung der Hypotheken-Instrumente als Faustpfand.
Entsch. Bd. 12. S. 271.

12) Ueber die Cessibilität von Pfandbriefen.
Entsch. Bd. 16. S. 310., Bd. 17. S. 134.

13) Ueber die Natur cedirter Illatenhypotheken.
Archiv. II. S. 183.

14) Ueber den Einwand der Zahlung dem Cessionar gegenüber.
Entsch. Bd. 6. S. 339.

15) Ueber das Versprechen der Eviction der Sicherheit.
Entsch. Bd. 17. S. 173. (Pr. 2032).

16) Ueber den Beweis der Zahlung der Valuta.
Entsch. B. 16. S. 146. (Pr. 1992.), Bd. 18. S. 197., Bd. 17. S. 270., Bd. 20. S. 222. (Pr. 2367.), Bd. 23. S. 156., Bd. 24. S. 142.

17) Ueber die Bedeutung des §. 445. Tit. 20. Thl. I. Allgem. Landrecht.
Entsch. Bd. 2. S. 383. (Pr. 2239.), B. 23. S. 148.

18) Ueber die Compensation bei Hypotheken-Forderungen.
Entsch. Bd. 13. S. 278.

19) Ueber Exnexuation des früheren Besitzers.
Entsch. Bd. 15. S. 224.

20) Ueber die Wirkung der Simulation bei Hyp.-Forderungen.
Archiv I. S. 315.

21) Ueber Expromission hierbei.
Entsch. Bd. 19. S. 197.

22) Ueber Erlöschung des Hypotheken-Rechts durch Konsolidation und §. 52. des Anhangs zum Allgem. Landrecht.

Rechtssprüche I. S. 10., Entsch. 4. S. 51., Bd. 6. S. 127., Bd. 7. S. 298., Bd. 11. S. 303., Bd. 12. S. 59. (Plenar-Beschluß v. 9. Januar 1846), Bd. 22. S. 218., Bd. 24. S. 66., Bd. 25. S. 434., Bd. 26. S. 20. Archiv 9. S. 158. und 21.

23) Ueber das Aufgebot der Hypothek.

Entsch. Bd. 18. S. 264.

24) Ueber Löschungen zur Ungebühr.

Entsch. Bd. 3. S. 88. Archiv Bd. 8. S. 94., Entsch. Bd. 26. S. 46. ff.

25) Ueber Wirkung der Protestation.

Entsch. Bd. 8. S. 57., Bd. 10. S. 160., Bd. 13. S. 257., Bd. 14. S. 274., Bd. 19. S. 218.

26) Ueber das Verhältniß des Nießbrauchers zu den Hypothekengläubigern wegen Zahlung der Zinsen.

Entsch. Bd. 14. S. 17. (Plenar-Beschluß vom 1. März 1847).

27) Ueber Dinglichkeit der Rückstände von Hypotheken und Reallasten.

Entsch. Bd. 21. S. 47. (Pr. 2288.)

28) Ueber den Vorzug des nicht eingetragenen Canon der Erbverpächter.

Entsch. Bd. 23. S. 445. (Pr. 2394.), cf. Archiv 9. S. 315., cf. auch Entsch. Bd. 26. S. 34.

29) Ueber die Bedeutung der Eintragung der Reallasten.

Entsch. Bd. 18. S. 316.

30) Ueber die Lokation rückständiger Zinsen vor der Eintragung im Kaufgelder-Belegungsverfahren.

Entsch. Bd. 13. S. 257.

31) Ueber die Wirkung der Subhastation.
Entsch. Bd. 17. S. 490. (Pr. 1949.)
32) Ueber Kaufgelder-Vertheilung bei Correal-Hypotheken.
Entsch. Bd. 18. S. 473., Bd. 24. S. 101. (Pr. 2405.)
33) Ueber die Verjährung des persönlichen Anspruchs.
Entsch. Bd. 9. S. 276 ff.
34) Ueber Schenkung von Hypotheken-Forderungen.
Entsch. Bd. 20. S. 128. (Pr. 2230.)
35) Ueber §. 408. Tit. 20. Thl. I. Allgem. Landrecht.
Entsch. Bd. 20. S. 28. (Plenar-Beschluß vom 4. November 1850. Pr. 2250.) und Bd. 7. S. 220., Bd. 9. S. 276. der Entsch.
36) Ueber Convalescenz des gesetzlichen Pfandrechts.
Entsch. Bd. 24. S. 93., cf. Archiv IX. S. 302.
37) Ueber die Verpflichtung zur Prüfung der Lehnsurkunden.
Entsch. Bd. 18. S. 256. (Pr. 2127.)
38) Ueber das Recht der Hypotheken auf das Surrogat des expropriirten fundi.
Entsch. Bd. 24. S. 405.
39) Ueber Collision der Rechte der Hypotheken-Gläubiger und dinglicher Rechte, namentlich der Eigenthums-Prätendenten.
Entsch. Bd. 9. S. 25., Bd. 12. S. 193., Bd. 16. S. 194. (Pr. 1981.), Bd. 19. S. 18. (Plenar-Beschluß vom 21. Januar 1850. Pr. 2190.), Bd. 20. S. 193., Bd. 22. S. 230., Bd. 24. S. 386. Archiv I. 57., I. 324., III. 220., VII. 351., VIII. 255., IX. 183., Rechtsfälle III. 426.
40) Ueber das Recht der Hypotheken-Gläubiger an den Feuer-Societätsgeldern.
Entsch. Bd. 25. S. 409., ungedruckte Plenar-Entsch. vom 5. Dezember 1853.

Schon diese Uebersicht zeigt, daß diejenigen Streitfragen,

welche die Thätigkeit des Ober-Tribunals am meisten hervorgerufen haben, folgende sind: 1) die über den Umfang der hypothekarischen Haftung hinsichtlich des zur Sicherheit gegebenen Objects, besonders wegen der abgetrennten Theile der Substanz und der Pertinentien; 2) über die Bedeutung der Uebernahme von Hypotheken ad rationes pretii; 3) über den §. 52. des Anhangs zum Allgemeinen Landrecht und die Deklaration vom 3. April 1824; 4) über die Bedeutung und Wirkung der Protestationen; 5) über den Einwand der non numerata pecunia; 6) über die Collision der Eigenthums-Prätendenten und Hypothekarien, resp. dinglich Berechtigten. Die wichtigen Fragen zu 1., 4. und 5: würden durch Berichtigung der betreffenden Specialbestimmungen leicht vollständig zu erledigen sein. Die Streitfrage zu 2. nicht minder, sie berührt den Realkredit weniger. Die zu 3. ist durch das künstliche Institut einer unnöthigen Fiktion hervorgerufen, sie würde wie die zu 2., und namentlich die vielfachen Streitpunkte über die Collision wegfallen, wenn nur die Eintragung Eigenthum und dingliche Rechte gewährte, und die Hypothek lediglich als Realobligation aufgefaßt würde. Es scheint der Schluß gerechtfertigt, daß ein großer Theil von controversen und zweifelhaften Processen vermieden würde, wenn nicht die Grundprincipien der bisherigen Gesetzgebung ängstlich festgehalten würden, als sei nur in der römischen Grundlage das Heil zu finden, und als verlangte der große Umschwung der Geldverhältnisse und des Realkredits keine dringende Hülfe von Grund aus. Weder bei der früheren Revision der Gesetzgebung, wie scharfsinnig und geistreich auch die Ausführungen des Revisors der betreffenden Pensa sind, noch bei der späteren Revision des Sachenrechts hat man sich entschließen mögen, Verbesserungen von Grund aus vorzunehmen; man hat die Hauptgrundsätze festgehalten und nur Erleichterungs-Maaßregeln, schärfere, klarere und konsequentere Bestimmungen im Einzelnen getroffen, womit man auszureichen vermeinte. Die Theorie hat zum Theil die für ihre Zeit vortreffliche Gesetzgebung für so begründet gefunden, daß man nur die große Umständlichkeit und daraus entstehenden Schwierigkeiten, die Kostspieligkeit und die zu große Beschränkung des Eigenthums (!) zu tadeln gefunden, dagegen die möglichste Rechtssicherheit gewahrt finden will (vergl. Koch System I. 388.). Allein diese Ansicht und die darauf gegründeten Palliativ-Maaßregeln, wie nützlich sie auch an sich sein mögen, können die Hebung des Realkredits nicht herbeiführen. Deshalb sind die Gesetze, welche theils die Erleichterung der Besitztitelberichtigung bei noch nicht regulirtem Hypothekenbuche herbeiführen sollen (Verordnung vom 31. März 1833., Kab.-Ordre vom 9. Mai 1839., die Kab.-Ordre vom 7. März 1845.), theils den Kreis der unbestimmten Verhaftungen beschränken (Declar. vom 18. April 1803., Kab.-Ordre vom 2. Juli 1833.), die sonstigen Vorschriften zur Erleichterung des Verfahrens zwar nützlich, wesentlich hat durch sie nicht geholfen werden können. Dies wird aus der Darlegung der Gebrechen des bestehenden Hypotheken-Instituts und des Sitzes derselben sich ergeben.

---

§. 4. Die Mängel der bestehenden Gesetzgebung.

Zunächst hat sich die Gesetzgebung, (auch der Revisor) nicht bestimmt klar gemacht, was die Bedeutung des Grundbuches sein solle.

Die Hypotheken-Ordnung und das Allgem. Landrecht gehen allerdings davon aus, daß es nicht blos ein Renten-, sondern auch ein Erb-, also ein vollständiges Grundbuch sein sollte. Es ist aber diese Ansicht nicht durchgeführt. Als vollständiges Grundbuch mußte das Hypothekenbuch darüber Licht und volle

Einsicht gewähren, aus welchen Theilen und Pertinenzstücken jedes Grundstück bestehe, wie groß dasselbe sei, und nicht blos durch allgemeine Bezeichnungen die Kriterien der Identität festzustellen. Dies ist aber nicht der Fall. Es werden sogar verschiedene Grundstücke kollectiv auf ein Folium gebracht; es werden Gütercomplexe als Herrschaft eingetragen, die Pertinentien nicht specificirt, nur die Ab- und Zuschreibung erhellt aus dem Hypothekenbuche. Wieviel Streitigkeiten und zweifelhafte Processe durch diesen Mangel hervorgerufen werden, weiß jeder Praktiker. Hie und da scheint man hier von der Ansicht geleitet, als käme es auf diese Feststellungen nicht an, weil nur der Gesammtwerth des fundi von Bedeutung für Käufer und Gläubiger sei, allein dieser Werth ist ein durchaus schwankender, er wird auch durch Eintragung der Erwerbs- und Ueberlassungspreise keineswegs genügend festgestellt, es kann aber auch diese Werthsangabe gar nicht geprüft werden, wenn nicht erhellt, welche Bestandtheile und Pertinentien das Grundstück früher und jetzt gehabt.

Es müßte zweitens aus dem Grundbuch der jezeitige Eigenthümer erhellen und zwar nicht blos durch gesetzliche Fiktion der Bucheigenthümer als der wahre Eigenthümer gelten, sondern es mußte das Grundbuch der Wahrheit entsprechen. Um die Fiktion des Gesetzes aufrecht zu erhalten, war es freilich ganz konsequent die Zwangstitel-Berichtigung als unerläßlich aufzustellen, um so die Gefahren der gesetzlichen Fiktion möglichst zu beschränken. Man hat diese Zwangsmaaßregeln fallen lassen und fallen lassen müssen, theils wegen Schwierigkeiten und Kosten, theils weil sie keinen praktischen Erfolg hatten, die Königl. Kab.-Ordre vom 31. Oktober 1831. hielt sie sogar für entbehrlich. Man kann auch diese direkten Zwangsmaaßregeln nicht wieder herbeiführen wollen, da sie allerdings entbehrlich sind, wenn man den Erwerb des Eigenthums und der dinglichen Rechte, also auch der Hypothek, an die Eintragung in der Art knüpft, daß die Eintragung das Wesentliche ist, daß sie die Stelle der deutschen Auflassung vertritt und so der Erwerb und Uebergang des Eigenthums und der dinglichen Rechte an klar erkennbare, offenkundige Thatsachen geknüpft werden, während nach der bestehenden Gesetzgebung zahllose Collisionen zwischen eingetragenen und nicht eingetragenen Eigenthümern und eingetragenenen und nicht eingetragenen dinglich Berechtigten, sowohl unter sich, als gegen einander entstehen, und der Uebergang des Eigenthums und die Begründung und Uebertragung dinglicher Rechte durch die Uebergabe und was diese vertritt, durch den Erwerbstitel und das Gesetz vermittelt wird.

Hierdurch wurden nun in den Kreis des Hypothekengebiets alle Fragen über Gültigkeit des Titels nach Form und Inhalt nicht minder der Erwerbungsact hineingezogen und damit der Erwerber und der Gläubiger in eine wenigstens schwer erkennbare und oft controverse Sphäre hineingedrängt. Es ist Niemandem unbekannt, was die leeren Redensarten, daß die Uebergabe geschehen sei, und dem ähnliche Worte, in den Verträgen besagen, ein Nachweis der wirklich geschehenen Uebergabe ist weder gefordert, noch konnte ein solches Postulat aufgestellt werden. Es beruhen daher dergleichen Angaben oft auf bloßer Lüge, es ist ein leerer Schein. Wie denn auch nach der Natur des Princips und des Preußischen Hypothekenrechts weder die Uebergabe noch die Eintragung die Vindication ausschließt, und somit zwar einiger Schutz für die Dispositionen des Buch-Eigenthümers gewährt wird, aber kein unbedingter. Denn zwar Hypothekengläubiger sind dadurch so weit geschützt, als nicht böser Glaube obwaltet, abgesehen von der Gültigkeit des Titels selbst. Ja, es ist sogar zweifelhaft, ob und in wie weit selbst der Hypothekengläubiger die Besitzurkunden des Eigenthümers zu prüfen habe; denn, abgesehen von der bekannten Bestimmung im Lehnrecht, war Suarez allerdings der Meinung, daß die Einsicht des Hypothekenbuchs nicht genüge, sondern auch die Urkunden, auf welche es Bezug nimmt, geprüft werden müßten, und diese Ansicht ist auch vollkommen konsequent, wenn das dingliche Recht nicht durch die Eintragung erlangt wird, dieselbe vielmehr nur ein Nebenher, eine nachfolgende Thatsache ist, welche nur manifestirt, was bereits rechtsgültig geschehen. Die neuen Erwerber eines Grundstücks sind aber nicht im mindesten gesichert, mögen sie auch als bonae fidei possessores zu behandeln sein. Sie sind der Vindication ausgesetzt, selbst bei Verkäufen sub hasta necessaria, und werden nur durch Präclusions-Erkenntnisse geschützt, eine Weitläuftigkeit, der sich erfahrungsmäßig selten Jemand unterzieht. Würde aber die Eintragung ganz allein das dingliche Recht des Eigenthümers und der dinglichen Rechte aller Art begründen, so würde der Käufer mit Sicherheit kaufen, der Hypothekengläubiger mit Sicherheit darleihen. Dann begründet die Eintragung in das Hypothekenbuch schlechthin Eigenthum. Der frühere Eigenthümer, der selbst die Eintragung bewirkt, die Auflassung vollzieht, hat kein Eigenthumsrecht mehr, und sich nicht zu beklagen; er behält natürlich seine persönlichen Ansprüche. Auch kann der, welcher ohne Eintragung erwirbt, keinen Einwand erheben, daß der eingetragene Eigenthümer disponire, denn dieser ist es wirklich noch, die Uebergabe begründet das dingliche Recht nicht, und eben deshalb wird das eigene Interesse die Besitztitelberichtigung ohne direkten Zwang herbeiführen. Eben deshalb kömmt es dann auf die Prüfung des Erwerbstitels nicht an. Denn, wenn der eingetragene Eigenthümer vor dem Hypothekenrichter erklärt, daß er das Eigenthum dem Dritten übertrage, und dieser es übernimmt, so ist für das Grundbuch die volle und hinreichende Gewißheit gegeben, der Käufer und Hypothekengläubiger hat dann nur zu prüfen, ob sein Kontrahent der eingetragene Eigenthümer, und ob er nach allgemeinen Gesetzen oder den besonderen im Hypotheken-Buch vermerkten Bestimmungen in der Disposition beschränkt sei; er braucht nicht auf den Erwerbstitel des eingetragenen Eigenthümers, geschweige seiner Vormänner, zurückzugehen, welcher für ihn gar keine rechtliche Bedeutung hat. Damit fiele aber ein großer Theil der Last der Hypotheken-Behörden und der Hindernisse eines raschen und doch sicheren Verkehrs hinweg. Das führt drittens auf das Legalitätsprincip der bestehenden Gesetzgebung. Dasselbe hat in der That keine besonderen Vortheile getragen; zu geschweigen, daß gar nicht selten die Hypothekenscheine unrichtig und falsch ertheilt worden, wohl gar ohne ordentliches Hypothekenbuch, selbst ohne alle Eintragung, trotz der geschärften Regreßvorschriften, so kann die Prüfung der Kontrakte, namentlich der simulirten und in aller Form errichteten, weder dem Betruge steuern, wie denn mehrfache Verkäufe und Verpfändungen nicht ungewöhnlich sind, noch kann die angeordnete Prüfung des Erwerbstitels auf Erleichterung des Verkehrs und des Realcredits führen. Vielmehr ruft sie erfahrungsmäßig eine Menge von oft pedantischen und grundlosen Schwierigkeiten und Weitläuftigkeiten hervor, welchen früher allenfalls der Machtspruch des Justiz-Ministers einen Damm entgegen setzen konnte, wie wohl auch dieser Weg seine Bedenken hat, und der versuchte und offenbar unstatthafte Ausweg des Revisors, einen Rechtsstreit zwischen dem Hypothekenamt und den Privatinteressenten zu gestatten, seine Verwerfung in sich trägt.

Das Legalitäts-Princip der Preuß. Hypotheken-Gesetzgebung unterwirft das Publikum der Subjectivität des Hypotheken-Richters und dem einseitigen Belieben desselben, die Beschwerden an das Appellations-Gericht werden selten Hülfe bringen, oder zu spät. In der That kann das Legalitäts-Princip sich nur beschränken auf Feststellung der Identität und der Legitimation der Verhandelnden, auf Zurückweisung der amtlichen Hülfe bei offenbar verbotenen und gesetzwidrigen Akten, und auf die Gültigkeit des Auflassungsakts, d. i. der Erklärungen über die Einwilligung in die Umschreibung des Besitztitels, der Eintragung eines dinglichen Rechts, deren Uebergang und die Löschung, mag immerhin der Titel hierbei allgemein bezeichnet werden müssen, auf die weitere Prüfung desselben quoad formalia et materialia hat der Hypotheken-Richter sich nicht einzulassen. Wie schwach die scheinbare Garantie des Publikums in der Preuß. Theorie des Gesetzes, einem Ausfluß der vormundschaftlichen Maxime, sich bewährt, wie wenig sie gegen Schein und Betrug sichert, zeigt die Erfahrung jedes Tages, sie ist aber nothwendig eine Quelle der größten Weitläufigkeiten und Hemmnisse, sie beschränkt den Eigenthümer in der Disposition und Ergreifung nothwendiger Mittel, um seinen Untergang abzuwehren, sie sichert auch den Gläubiger nicht, dem selbst die genauste Prüfung des Hypotheken-Gerichts kein unumstößliches Recht gewährt, und die auch ebensowohl mangelhaft oder gar nicht erfolgt ist. Nicht selten hat nur der weitläuftige Verkehr jedes Arrangement zwischen Hypothekengläubiger und Schuldner gehindert und den nothwendigen Verkauf herbeigeführt, zu beider Schaden, dem Eigenthümer sein Eigenthum, dem Gläubiger das Object der Sicherheit entzogen und so vielleicht zwei Familien um ihre Existenz gebracht.

4) Das Grundbuch muß ferner dem Erwerber des Grundstücks, wie dem Gläubiger klare Einsicht darüber gewähren, welche Einschränkungen und Belastungen das Grundeigenthum oder dessen eingetragenen Besitzer betreffen, insoweit sie nicht aus allgemeinen Gesetzen fließen, und nicht durch privatrechtlichen Titel begründet werden. Es verbinden allerdings allgemeine Gesetze, welche die Dispositionsfähigkeit des Grundeigenthümers, und insbesondere des bestimmten Eigenthümers (z. B. wegen seines Alters, Geschlechts, Religion und Stand) und die in der aus dem Hypothekenbuch hervorgehenden Qualität des Grundstücks (Lehn, Fideikommiß, Staats-, Corporationsgut u. s. w.) liegen, keineswegs

aber Beschränkungen aus rein privativen Titeln, z. B. in Folge des Concurses, Generalmoratorium, Litigiosität, Testament und Vertrag, welche nicht in das Grundbuch eingetragen worden. Eben so sind allerdings onera publica und diejenigen deutschen allgemeinen Reallasten, welche aus der eingetragenen Qualität des Grundstücks, welche also nicht auf privatrechtlichen Titeln beruhen, der Eintragung nicht bedürftig, wie wünschenswerth es auch sonst sein möchte, allein alle und jede Belastung, die auf privatrechtlichen Titel beruht, muß durch das Hypothekenbuch offenkundig gemacht werden, und nur durch die Eintragung gewinnt sie dingliche Qualität. Dahin gehören denn alle Nutzungsrechte und jura in re auf fremdes Eigenthum, ohne Unterschied, namentlich auch die Servituten. In Folge des §. 164. der Gemeinheitstheilungs-Ordnung und des Gesetzes vom 2. März 1850 sind letztere gerade, da die Verjährung meist wegfällt, nicht minder zur Eintragung geeignet, und es ist die Herstellung des Allgemeinen Land-Rechts, das hier auf ganz richtigem Wege war, und die Aufhebung des §. 58. des Anhanges nothwendig. So wie die Sache aber jetzt liegt, ist kein Erwerber eines Grundstücks ohne die weitläuftigsten und oft nicht zum Ziel führenden Ermittelungen im Stande zu wissen, welche Beschränkungen und Lasten sein Eigenthum berühren, und Evictionsprozesse, selbst ein Nachtheil, führen nicht immer zur Entschädigung, so ist denn er sowohl, als der Hypothekengläubiger, wenn das Grundstück bei der Subhastation gar nicht, oder nur in verminderten Grade verkäuflich ist, oder das Kaufgeld in Anspruch genommen wird, erheblich gefährdet, wenn nicht wieder öffentliche Aufgebote und Präklusions-Erkenntnisse Schutz gewähren, wie unausreichend und zeitraubend auch derselbe ist. Der Mangel der bestehenden Gesetzgebung liegt eben darin, daß das Hypothekenbuch keine sichere Auskunft über Dispositions-Beschränkungen und Lasten gewährt.

5) Ein weiterer Mangel liegt in der Zulässigkeit von Cor-

real=Hypotheken. Welche Zweifel und Controversen gerade hierdnrch hervorgerufen werden, besonders bei verschiedenartiger Belastung der Grundstücke, und wenn sie nicht in einer Hand sind, ist nicht minder bekannt, zumal im Zusammenhange mit dem Anhange §. 52. und der Deklaration vom 3. April 1824. Erinnert mag werden an die traurigen Folgen der Correal=Hypotheken rücksichtlich der mehreren schlesischen Dorfgemeinden, deren Ruin, gleichzeitig mit dem der Gläubiger, abzuwenden, die Gesetzgebung auch sonst einzuschreiten veranlaßte, und ähnliche Fälle bei Dismembrationen ganzer Herrschaften z. B. der Herrschaft Königsberg. So komplicirte Verhältnisse erschweren und hemmen den Realkredit, und stellen das Eigenthum in Frage. Die Hypothek muß nur ein bestimmtes einzelnes Grundstück ergreifen, wenn der Realgläubiger, besonders der postlocirte nicht Gefahr laufen soll. Der Eigenthümer mehrerer Grundstücke ist nicht gehindert, wenn sie aneinander stoßen, sie zu vereinigen, sobald nicht das Hypothekenbuch bestimmte Hinderungsgründe enthält, besonders wenn er durch Ankauf neues Areal gewinnt, oder als Aequivalent anderer Rechte wie bei Gemeinheitstheilungen, Ablösungen u. s. w. erhält, und es hindert ihn nichts für das entnommene Darlehn mit den einzelnen Pfandstücken zu besonderen Summen Sicherheit zu bestellen.

6) Eine solche Gefahr liegt auch in der Eintragung quantitativ und im Geldwerth nicht festgestellter, wohl gar gänzlich unbestimmter Verpflichtungen. Da diese sich nicht gewiß berechnen lassen, so wird der Käufer und Hypothekengläubiger offenbar im Dunkel bleiben und gefährdet werden können. Einige Einschränkungen dieser ungemessenen Eintragungsfähigkeit hat zwar die Gesetzgebung rücksichtlich der fiskalischen Kassenvorrechte und der vormundschaftlichen Kautionen angeordnet, allein jetzt sind noch Kautionen in unbestimmter Höhe, in quanto ganz unbestimmte Forderungen und Ansprüche, welche nicht in Geldzah=

lungen, sondern Leistungen aller Art, selbst Handlungen bestehen, gemäß Vertrag und Gesetz vom 4. März 1834 zur Eintragung geeignet, und es ist so der Eigenthümer in der Disposition beschränkt, und das Publikum vom Erwerb und Kreditgebung abgeschreckt.

7) Daß die an die Stelle anderer eingetauschten Parcellen, die bei Gemeinheitstheilungen, Ablösungen und der Regulirung gutsherrlicher und bäuerlicher Verhältnisse in Land oder Kapital und Rente getretenen Entschädigungen, ingleichen die bei Expropriationen dem Recht der Hypothekengläubiger verhaftet seien, ist nicht zweifelhaft, ungewiß und kontrovers ist aber die Frage im Allgemeinen, ob alle Surrogate und Aequivalente des Hypotheken-Grundstücks, insbesondere die Feuersocietätsgelder dem Hypothekenrecht unterliegen. Das Ober-Tribunal hat in dem Plenar-Beschluß v. 5. December 1853 diese Frage de lega lata verneint. Es ist dringend nothwendig, daß dem Uebelstande, welcher den Realkredit gefährdet, im Wege der Legislation abgeholfen werde.

8) Ein großes Hinderniß des Realkredits liegt in dem aus dem römischen Recht entnommenen Princip, daß die Hypothek nur ein Accessorium der Hauptverbindlichkeit ist, zu deren Sicherheit sie bestellt worden. Wie natürlich dieses Princip erscheinen mochte, es entspricht nicht der Bedeutung und der Entwickelung des Realkredits, es mußte nothwendig mit dem Princip der Publicität in Conflikt treten. Das Gesetz begnügte sich mit der Fiktion, daß der eingetragene auch der wahre Eigenthümer sei, und folgeweise zur Disposition berechtigt, mit der Festsetzung, daß die nicht aus dem Hypothekenbuch, der Schuldurkunde selbst, und sonst bekannt gewesenen Einwendungen des Schuldner dem dritten Erwerber nicht entgegenstehen und damit, daß es durch künstliche und anomale Festsetzung den Eigenthümer zur Verfügung über die durch Zahlung, oder sonst getilgte oder anheimgefallene Hypo-

theken-Obligationen für berechtigt erklärte. Die erste erwähnte Fiktion giebt dem Erwerber der Hypothek keinen hinreichenden Schutz. Dieser muß nicht nur die Berechtigung seines Vormanns und seiner Vormänner, wie seiner eigenen Erwerbstitel prüfen, sondern er bleibt auch, abgesehen von Weiterungen und Prozessen aller Art, der Gefahr ausgesetzt, daß Einwendungen gegen die Gültigkeit der Erwerbstitel, die aus denselben nicht einmal mit Sicherheit zu entnehmen sind, sein Recht vernichten. Schlechte Schuldner stecken sich hinter jene Einwendungen, und die Hypotheken selbst werden Gegenstand der Agiotage und betrügerischen Erwerbs. Hierzu kommt, daß die Eintragung der Cessionen für unnöthig erklärt ist, wodurch vielfachen Verkürzungen und Betrügereien der Eingang eröffnet ist, da es auch hier Grundsatz sein müßte, daß das, was von dem Erwerb bei Constitution der Schuldforderung gilt, auch von deren Uebergang gelte, daß nur die Eintragung das dingliche Recht überträgt. Formelle Schwierigkeiten und Hindernisse aus dem Kostenpunkt sind unschwer zu beseitigen. Wie viele Schwierigkeiten und Processe durch die laxe Abweichung von dem Haupt-Grundsatz der Nothwendigkeit der Eintragung entstehen, bezeugt die Praxis. Noch mehr aber gilt dies von den anomalen Festsetzungen über die Dispositions-Befugniß des Grund-Eigenthümers über ihm anheimgefallene Hypotheken. Es ist hier gar nicht der Ort und Zweck über die theoretische Auffassung des §. 52. zum Allgemeinen Land-Recht und dessen Deklaration zu diskutiren, die bekanntlich so vielfach ist, und auf die Praxis verschiedentlich influirt hat; so viel ist gewiß, daß diese gesetzlichen Bestimmungen, welche mit dem Princip der accessorischen Natur der Hypothek nicht kongruent sind, wie sie ohne alle Beschränkung jetzt bestehen, in der Praxis sehr komplicirte Resultate gewähren. Daß sie zur Verkürzung der postlocirten Creditoren führen, die, wenn auch nicht aus rechtlichen, doch aus moralischen Gründen, darauf rechnen mochten, daß ihre Sicherheit durch Wegfall prälocirter Posten gebessert werden würde. Hat man hierbei die Absicht gehabt, dem Grundbesitzer den Weg zu verschaffen, leichter den Kredit zu erlangen, welchen die Eintragung der neuen Schuld an letzter Stelle ihm nicht gewähren kann, so dürfte diese Rücksicht nicht allein ins Gewicht fallen, da sie das leichtsinnige Schuldenmachen begünstigt, sie wird aber auch durch den jetzt häufig betretenen Weg illusorisch gemacht, daß der neue Kreditor die Bedingung seines Kredits daran knüpft, daß über die prioritätisch eingetragenen Posten von dem Eigenthümer nicht weiter disponirt werden dürfe, daß sie gelöscht werden müssen, und daß diese Einschränkung eingetragen wird. Wie dem aber auch sei, es bedarf der künstlichen Theorie nicht, nicht der unwahren Fiktion, daß der Schuldner nicht gezahlt, um zu tilgen, sondern um zu erwerben, wenn überhaupt der Grundsatz aufgestellt wird, daß die Hypothek nicht ein bloßes Accessorium der persönlichen Obligation sei, sondern auf einer primitiven selbstständigen Realobligation beruhe. Es ist dieß bei den Pfandbriefen schon der Fall, über deren Abtretbarkeit, wenn sie der besonderen Natur als lettres au porteur durch Tilgung des Pfandbriefskredits entkleidet, und der landschaftlichen Garantie entzogen worden, je nach den Reglements der einzelnen Systeme verschieden geurtheilt werden muß. Will und muß man nun auch, um nicht die völlige Mobilisirung des Grundeigenthums zu befördern, Hypotheken als lettres au porteur ausgestellt, nicht zulässig achten, sondern nur Obligationen auf einen bestimmten Inhaber, so würde zwar die juristische Konsequenz der Annahme nicht entgegenstehen, daß auch das Eigenthum der Realobligation, der Hypothek auch auf den Realschuldner, den Eigenthümer des hypothecirten Grundstücks übergehe und nicht durch Confusion, Consolidation u. s. w. erlösche, allein die jetzt anerkannten Abnormitäten, daß die Gemeinmasse im Concurse, und der Hypotheken-Schuldner selbst bei dem Kaufgelderbelegungsverfahren ein Recht auf den bevorrechteten Theil der Kaufgelder geltend machen darf, daß er in einer Person Gläubiger und Schuldner sei, Annahmen, aus denen konsequent auch folgen würde, daß er sich selbst Zinsen zu zahlen habe, den Rechtsweg gegen sich selbst ergreifen könnte, Folgerungen, deren Unmöglichkeit und Unnatur von selbst einleuchtet, zeigen nur zu deutlich, daß hier ein Temperament nöthig ist, daß ein Princip gefunden werden muß, welches das Recht der gesunden Vernunft gegen bloß theoretische Consequenzen in Schutz nimmt. Es kann dieß nur in dem Satz gefunden werden, daß der Eigenthümer, dem eine Realobligation auf irgend eine Weise anheimfällt, zwar bis zum erfolgten Verkauf des Grundstücks, und solange seiner Dispositions-Befugniß keine Schranken durch Vertrag oder den Richter gesetzt worden, zu Gunsten dritter anderweit durch Cession verfügen dürfe, daß aber die Realobligation weder auf seinen Namen umgeschrieben, noch den Realgläubigern gegenüber von ihm, seinen Erben oder seiner Cridemasse geltend gemacht werden dürfe. Hierdurch würde einerseits dem Eigenthümer die Befugniß nicht entzogen, sich einen leichteren Realkredit zu verschaffen, der unter Umständen ihm Bedürfniß und Nutzbringend sein kann, der aber die Befugniß hierzu verlieren muß, wenn er selbst veräußert hat, oder bis zu dem Angriff der Gläubiger auf sein Vermögen nicht von jener Befugniß Gebrauch gemacht hat, die ihm denn auch ferner keine wahre Hülfe mehr gewähren kann, während andererseits die postlocirten Gläubiger gegen die so beschränkte Befugniß des Grundeigenthümers, insofern sie sich nicht besondere Garantieen haben einräumen lassen, weder aus rechtlichen, noch aus anderen Gründen einen Einspruch haben. Denn wie es ihnen gleichgültig ist, wer Inhaber der vorstehenden Realobligation ist, und sie auch nicht hindern können, daß der letzte Inhaber derselben dieselbe sofort auf den neuen Gläubiger, der das Geld zu seiner Befriedigung hergegeben hat, überträgt, so kann ihnen nur das Recht eingeräumt werden, zu widersprechen, daß die Post selbst und deren Vorrecht von dem Realschuldner selbst oder seiner Konkursmasse wider sie geltend gemacht werde. Nach dieser Ansicht ist die Wirksamkeit der Hypotheken, welche dem Realschuldner anheimgefallen sind, so lange rechtlich suspendirt, bis sie auf einen Dritten übertragen sind. Dem Schuldner bleibt die Möglichkeit hierzu offen, der postlocirte Realcreditor wird nicht gefährdet, und kann unbehindert durch den Proceß-Richter oder Vertrag selbst diese Dispositions-Befugniß verkümmern und sich durch Prioritäts-Einräumungen, oder durch Eintrag einer Protestation und herbeigeführte Löschung die Vortheile des besseren Locus verschaffen. Weiter gehen seine Rechte und auch sein Interesse nicht. Eine größere Befugniß darf aber auch dem Eigenthümer nicht eingeräumt werden. Die Analogie aus dem Pfandbriefsinstitut steht ihm nicht zur Seite, denn Pfandbriefe und Realobligationen können nicht gleichgestellt werden, weil für jene die Generalgarantie der verbundenen Landschaft, welche zunächst Schuldnerin ist, eintritt, und ohnehin das Amortisations-Princip, welches die Dispositions-Befugniß des noch im Landschaftsverband stehenden Grundbesitzers ohnehin aufhebt, zu generalisiren sein dürfte. Ohnehin bleibt es fraglich, ob das Pfandbriefsinstitut, wie es besteht, mit seinen ungemessenen Vorrechten für die Landschaft, dem Realkredit in der That so förderlich sei, als es auf den ersten Anblick scheint, und ob nicht den postlocirten Realgläubigern ein Widerspruchs-Recht gegen die Umschreibung einer voreingetragenen Post in Pfandbriefe einzuräumen, und die weitere Umschreibung von Pfandbriefen in eine Realobligation generell auszuschließen sei.

Wenn nun der oben aufgestellte Grundsatz adoptirt wird, so wird auch jedes Bedenken schwinden, die Hypothek als Realobligation zu behandeln, wodurch übrigens alle die Kontroversen und Zweifel, welche aus der Natur des der Hypothek zu Grunde liegenden persönlichen Titels hergeleitet worden sind, welche die Cessibilität der Hypotheken-Forderung selbst anlangen, ihre Erledigung finden.

9) Große Schwierigkeiten entstehen ferner bei Eintragungen und Löschungen, bei der Feststellung des Legitimations-Punktes, insbesondere der Erben, zumal in Folge der Aufhebung der Zwangstitelberichtigung und des Grundsatzes, daß es bei Cessionen von Hypotheken der Eintragung zur Uebertragung des Rechts nicht bedürfe. Daß hier überhaupt eine Abhülfe nöthig sei, ist anerkannt, die diesfälligen Maaßregeln berühren aber zunächst die Hypotheken-Gesetzgebung nicht, sie werden zum Theil durch das Grundprincip gehoben werden, daß dingliche Rechte aller Art nur durch Eintragung erlangt werden. Wohl aber ist es nöthig, Fürsorge zu treffen, daß die dem Eigenthümer und Realberechtigten zu ertheilenden Documente übersichtlich, klar und möglichst einfach seien; so jedoch, daß sie eine vollständige Uebersicht alles dessen enthalten, was die Qualität und Quantität des Grundstücks, die Beschränkungen und Lasten desselben oder des zeitigen Eigenthümers, aus privatrechtlichen Titeln, die Realverbindlichkeiten (Schulden) anlangt. Der Erwerber der Grundstücke hat dann nur seinen Erwerbstitel zu prüfen und den Inhalt des Hypothekenbuchs. Der Erwerber eines Realrechts nicht mehr. Die Hypotheken-Behörde ertheilt hierüber Atteste (Hypothekenscheine), welche die Eintragung feststellen, und die als bloße Beweisdocumente nicht das Recht selbst begründen, so daß der Verlust derselben die Extabulation so wenig hindert, als der Mangel der Urkunden über die Rechtstitel, welche als solche das Realrecht nicht begründen, sondern nur als vorbereitende Momente in Betracht kommen, die Einwilligung in die Löschung, oder ein richterliches Urtheil, und in einzelnen Fällen das Gesetz selbst, giebt den Grund der Löschung. Demnach werden ferner kostspielige und weitläuftige Documente überflüssig, und Präclusions-

Erkenntnisse und Amortisations-Urkunden entübrigt, während nach der bestehenden Verfassung die Dispositionsbefugniß des Eigenthümers gehemmt, die Depuration des Grundstücks oft verzögert und der Hypothekenverkehr durch den Zeitverlust und Kostenhäufung erschwert wird.

10) Die gegenwärtige Gesetzgebung rücksichtlich der Protestationen unterliegt großen Zweifeln und Inkonvenienzen. Der Unterschied der Protestationen pro conservando loco et jure und de non disponendo ist dem Laien nicht verständlich. Die Interessenten sind dabei dem Ermessen der Hypotheken-Behörde, zum Theil auf einseitige Anträge, hingegeben, und es darf wohl nicht näher auseinander gesetzt werden, welche Nachtheile hierdurch entstehen, welche auch durch den glücklichen Erfolg anzustellender Processe, die selbst ein Hemmniß sind, keineswegs gänzlich beseitigt werden können.

Daß Protestationen de non disponendo und Arrestschläge nur auf Requisition des Proceß-Richters eingetragen werden dürfen, Eintragungen ex officio Seitens der Hypotheken-Behörde aber überhaupt nicht Statt finden dürfen, liegt in der Natur der Sache, es liegt auch ein Grund hierzu nicht vor. Bei Einwilligungen in die Umschreibung des Besitztitels, Eintragung einer Hypothek und deren Cession, können Bedingungen und Beschränkungen beliebt werden, welche die Eintragung cum clausula (wie nach Hamburger Recht, vergl. die belehrende Abhandlung des Präsidenten Dr. Bornemann im Ministerial-Blatt von 1848.) rechtfertigen.

Protestationes pro conservando jure et loco werden vermieden, wenn die Realobligation einfach durch die Erklärung vor der Hypotheken-Behörde, daß die Umschreibung des Besitztitels, Eintragung der Hypotheken u. s. w. und der Cession, erfolgen solle. Die Hypotheken-Behörde hat es dann nur mit klaren, feststehenden, einfachen Verhandlungen zu thun. Fehlt die Erklärung des oder der Interessenten, fehlen rechtskräftige Judicate und Anträge des Proceßrichters, so hat die Hypotheken-Behörde nicht einzuschreiten. Es ist dazu kein Bedürfniß, weil die processualischen Wege ausreichen. Eintragungen von Protestationen pro conservando jure et loco und de non disponendo erfolgen sonach weder ex officio noch auf einseitigen Antrag der Protestanten. Hierdurch wird eine reiche Quelle von Streitfragen und Schwierigkeiten bei der Hypotheken-Behörde vermieden. Die exceptio non numeratae pecuniae und die sonstigen Einwendungen gegen eine eingetragene Post oder die Umschreibung des Besitztitels sind bei dem Proceßrichter geltend zu machen, für die Hypotheken-Behörde haben sie an sich kein Interesse, der Schuldner braucht die Realobligation nicht früher zu extradiren, als bei Zahlung des Geldes, außerdem mag er die Hülfe des Proceßrichters nachsuchen, die natürlich keinen Erfolg hat, wenn inzwischen die Realobligation auf einen Dritten umgeschrieben worden ist. Die Vorschriften der Hypotheken-Ordnung wegen der Zulässigkeit der Eintragung binnen bestimmter Frist, insbesondere der 38tägigen, welche der Cessionar abzuwarten habe, haben wenig Vortheil gebracht; bald wissen die Partheien hiervon nichts, und die Belehrung ist versäumt oder nicht beachtet, bald werden alle Mittel des Betruges angewendet, um die Vorschriften zu umgehen. Zudem, wozu einer Unwahrheit das Wort reden? Die Realobligation mag Zug um Zug gegen die Zahlung bestellt werden, und nicht im Vorhinein, wozu ein Bedürfniß nicht vorliegt, wenn das Hypotheken-Institut einfache und klare Bestimmungen enthält, und das Verfahren rasch und sicher zum Ziele führt. Je einfacher und bestimmter und je öffentlicher der Uebergang des Eigenthums, und der Erwerb und die Uebertragung von Realrechten zu bewirken ist, je mehr muß auch die öffentliche Sicherheit, die der Käufer und der Gläubiger, sich steigern und der Realkredit sich heben. Feste und klare Grundsäße des materiellen Rechts, einfache und leichte Formen, neben möglichster Billigkeit der Kostenansätze, da ja die Rechtspflege nicht Finanzquelle sein darf, und eine angemessene Organisation der Hypotheken-Behörden, sind die Hebel des Realkredits. Welche Nachtheile in der bestehenden Gesetzgebung über Parcellirungen und Dismembrationen und über den Zwangsverkauf, für die Freiheit des Eigenthums und den Hypothekencredit liegen, wird weiter unten besprochen werden; hier handelt es sich zunächst nur von den Grundsätzen des materiellen und formellen Hypothekenrechts selbst, nicht seiner Geltendmachung und Wirksamkeit.

Die Resultate obiger Betrachtung, welche, so viel ich sehe, wesentlich mit den trefflichen Ausführungen Beselers (D. Privat-Recht, Band 2. S. 78 ff. 140 ff.) zusammenstimmen, kurz zusammen zustellen, ist in dem folgenden Paragraphen versucht worden, wie sie als leitende Grundsätze der Hypotheken-Gesetzgebung erscheinen.

---

§. 5. Vorschläge zur Hypotheken-Gesetzgebung, in allgemeinen Sätzen ausgesprochen.

I. Das Grundbuch muß ein vollständiges Grundbuch (d. h. Erben- und Rentenbuch) sein, die Besitztitelberichtigung dient nicht blos zum Nachweis der Legitimation, behufs der buchmäßigen Verfügung über das Grundstück, vielmehr ist der eingetragene Besitzer und Realberechtigte auch der wahre Eigenthümer des Grundstücks, resp. des Realrechts.

II. Denn es wird das Eigenthum des Grundstücks (wie nach österreichischem Recht §. 431., 444., dem Sächsischen Gesetz vom 6. Nov. 1843. und dem älteren Königl. Poln. Hypotheken-Gesetz) nur durch Eintragung erworben und übertragen, so zwar, daß die Veräußerungsverträge, die Erbschaft, die durch rechtskräftiges Urtheil anerkannte Verjährung (Ersitzung), resp. sonstige Erwerbung auf Grund des Gesetzes nur einen Rechtstitel bilden, und die Uebergabe nicht Bedingung des Eigenthums-Ueberganges ist.

III. Gleichmäßig müssen alle nicht auf allgemeinen Gesetzen beruhende Beschränkungen des Eigenthums, seien es objektive oder subjective des zeitigen Eigenthümers, ferner alle privatrechtlichen Reallasten und Hypotheken, behufs Erlangung eines dinglichen Rechts, eingetragen und so kundbar gemacht werden, um den Erwerber und andere Realberechtigte zu verbinden; dies gilt dann auch von Servituten, wo möglich auch Zinsen, Zehnten, Frohnen, die nicht abgelöst worden. Nur durch die Löschung, und stets durch dieselbe verlieren sie die dingliche Qualität.

IV. Die Einsicht des Hypothekenbuchs steht Jedem frei, der ein rechtliches Interesse nachweiset, oder die Erlaubniß des Eigenthümers, resp. des Realberechtigten, beibringt.

V. Der Inhalt des Hypothekenbuches hat vollen Glauben. Einwenduugen, die nicht ins Hypothekenbuch eingetragen sind, können nur als persönliche Rechte und nicht gegen das Grundstück und die eingetragenen Realrechte geltend gemacht werden. Nicht nur der Erwerber des Grundstücks ist gegen jeden Anspruch des Dritten geschützt, sondern auch der Realberechtigte, insbesondere die Hypothekengläubiger, welche unter einander nach der Ordnung der Eintragung rangiren.

VI. Einwendungen aller Art und Protestationen werden nicht von Amtswegen, sondern nur auf Antrag des Proceßrichters und zwar mit bestimmter gesetzlicher Frist, in welcher sie bei dem Proceßrichter geltend gemacht werden müssen, und der Wirkung eingetragen, daß sie nach Ablauf dieser Frist auf Antrag des Proceßrichters wieder gelöscht werden müssen, oder kraft des Gesetzes erlöschen.

VII. Das Grundbuch muß die rechtliche Qualität und die Quantität des fundi möglichst genau angeben, also nach Größe, Lage, Grenzen, Bestandtheilen, Pertinentien, bezeichnen. Nur durch Zu- und Abschreibung erlangt und verliert ein zugeschlagener Theil oder eine Pertinenz die Zugehörigkeit zum Grundstücke. Auch die Erwerbspreise und Taxwerthe werden, letztere auf Antrag, eingetragen.

VIII. So wie gesetzliche und stillschweigende Hypotheken das Grundstück nicht belasten, so sind auch General-Hypotheken ausgeschlossen und desgleichen Correal-Hypotheken, und können nur bestimmte Geldsummen, oder auf Geldsummen reducirte Berechtigungen eingetragen werden, also weder Verpflichtungen in unbestimmter Höhe, noch auch andere Reallasten, als auf bestimmte Geldaequivalente reducirt.

IX. Jede Einschreibung im Hypothekenbuch erfolgt nur entweder auf Antrag des Proceßrichters oder der von dem bisherigen Eigenthümer des Grundstücks oder des eingetragenen Realrechts vor der Hypoth.-Behörde in Person oder durch gerichtlich oder notariell bestellte Bevollmächtigte abgegebene Erklärungen, wonach auf Grund des vorangegangenen Rechtsgeschäfts die Umschreibung auf den neuen Erwerber, die Einschreibung des konstituirten Realrechts und dessen Uebertragung, resp. die Löschung, die Zu- und Abschreibung, beantragt wird.

X. Nur unbelastete Grundstücke und Pertinentien können zugeschrieben werden; bei Dismembrationen und Parcellirungen kann ohne Einwilligung der Realberechtigten die Abschreibung nur so erfolgen, daß gleichzeitig alle Lasten des Hauptgrundstücks solidarisch auf die abgetrennte Parcelle übergehen, eine weitere Belastung dieser aber nicht früher statthaft ist, als nicht die Löschung der alten Lasten erfolgt ist. Bis zur erfolgten Repartition der Lasten auf die einzelne dismembrirte Parcelle und das Hauptgrundstück, durch wechselseitige Einigung oder richterliche

Entscheidung, wonächst die Repartition eingetragen werden muß, darf auch der Besitzer des Hauptgrundstücks keine neue Lasten konstituiren, sie dürfen auch bei dem pignus praetorium nicht eingetragen werden.

XI. Die Voruntersuchung des Hypothekenamts erstreckt sich nicht auf die formelle und materielle Gültigkeit des Rechtsgeschäfts, des Eintragungstitels in concreto, in thesi. Nur bei offenbar gesetzwidrigen und verpönten Rechtsakten hat dasselbe die Mitwirkung abzulehnen; geprüft wird: die Identität, Legitimation der Erklärenden nach Inhalt des Hypothekenbuchs, so wie der formellen Beglaubigung der Erblegitimations-Urkunden, richterlichen Erkenntnisse und Anträge, oder der Recesse der Ablösungs-, Gemeinheitstheilungs- und Regulirungs-Behörden, der Inhalt und die Form der Vollmachten, behufs der Erklärung vor der Hypotheken-Behörde; erwogen wird: ob eingetragene Beschränkungen der Verfügung entgegen stehen, und ob überhaupt ein gesetzlich anerkannter Rechtstitel in abstracto (nicht in thesi) vorliegt. Die Urkunden über die Rechtsgeschäfte selbst haben für die Hypotheken-Behörde keine weitere Bedeutung, aus ihnen erfolgen von Amtswegen keine Eintragungen, nur die bestimmten Anträge der Interessenten und des Proceßrichters und der sonst berechtigten Behörden, die Erklärungen vor der Behörde selbst, bedingen ihre Thätigkeit. Jene Urkunden brauchen weder überreicht, noch bei den Akten aufbewahrt zu werden.

XII. Die Hypothek ist kein Accessorium der persönlichen Obligation. Sie ist eine selbstständige Realobligation. Sie erlischt nur durch Löschung. Der Grundeigenthümer kann daher bis zur Veräußerung des fundi, wenn seine Dispositionsfähigkeit nicht durch Eintrag beschränkt worden, was schon durch den Eintrag des Subhastationsvermerks geschieht, über die ihm heimgefallene Realobligation zu Gunsten Dritter verfügen, dieselbe cediren, hat er dies nicht gethan, so kann sie den postlocirten

Realgläubigern gegenüber weder von ihm, noch seinen Erben, noch der Konkurs-Commun-Masse, geltend gemacht werden, sie hat alsdann ihre rechtliche Kraft verloren, und muß auf Grund der Adjudicatoria und Antrag des Proceßrichters gelöscht werden.

XIII. Cessionen von Hypotheken müssen, um dingliche Rechte zu erlangen, gleichfalls eingetragen werden; der Hypotheken- und der Subhastationsrichter nehmen von einer nicht eingetragenen Cession keine Notiz. Die Cession kann vor jedem Richter und Notar erfolgen, und ist darin der Antrag auf Umschreibung enthalten, so bedarf es keiner besonderen Erklärung vor der Hypotheken-Behörde, wenn der Cessionar bei der Cession mitgewirkt hat. Anderen Falls muß er den Antrag auf Umschreibung vor der Hypotheken-Behörde machen, die Cession acceptiren.

XIV. Behufs der Löschung der Hypotheken- und Realrechte, bedarf es nicht der Amortisation und der Präclusions-Erkenntnisse der fehlenden Urkunden über den Rechtstitel. Die Erklärung des eingetragenen Berechtigten, resp. seiner legitimirten Erben, oder eines im Wege der Execution bestellten Vertreters, resp. des Konkurskurators, oder die Requisition des Proceßrichters genügt, die Löschung herbeizuführen.

XV. Die Hypothekenscheine werden nur informationis causa, als Atteste über die gegenwärtige Lage des Hypothekenbuchs, so weit sie den Empfänger berührt, ertheilt, aber integraliter und nach gleichem Formular; sie werden nur auf Antrag ertheilt und dürfen bei dem Antrage auf Löschung nicht beigebracht oder vorher amortisirt werden.

XVI. Die Vorschriften wegen Anlegung neuer Hypotheken-Folien werden möglichst zu vereinfachen und der Geschäftsgang, so wie der Kostenpunkt, so zu ordnen sein, daß der Verkehr erleichtert und gesichert werde. Die Aufsicht ist den Obergerichten und dem Ober-Tribunal, so weit es sich von rechtlichen Momenten handelt, zu überweisen.

Dies sind im Wesentlichen und in allgemeiner Skizze die Grundzüge einer Hypotheken-Verfassung, welche die Principien der Publicität, Specialität und der Legalität in angemessener Beschränkung festhaltend, Rechtssicherheit, Vereinfachung, Hebung des Realkredits zum Zweck haben, die theils oben motivirt sind, theils einer weiteren Rechtfertigung nicht bedürfen werden. Sollte auch unserer Zeit, wie der seit 1814, der Beruf zu einer vollständigen Revision des Allgem. Landrechts und der Hypotheken-Ordnung abgehen, und diese nicht beliebt werden, in der Richtung der Zeit auf bloße Novellen und Zusätze, und Zurückweisung vollständiger Codification, und mit Rücksicht auf die sonstigen Hindernisse der letzteren, so würde doch durch eine vollständige, in sich geschlossene Novelle, den obigen Vorschlägen Eingang verschafft, und somit das allgemeine Wohl durch Hebung und Beseitigung der Hindernisse des Realcredits gefördert werden können, ohne jener wünschenswerthen Revision vorzugreifen, oder dieselbe abwarten zu müssen. Blos formelle Erleichterungen können aber eine wesentliche Abhülfe nicht bringen.

---

§. 6. Das Gesetz vom 24. Mai 1853.

Das Gesetz vom 24. Mai 1853. hat (cf. §. 8., 29., 30., 43. ff. u. die Einleitung der Instruktion v. 3. August 1853.) sich zum Hauptziel gesetzt, das Verfahren in Hypothekensachen dem Bedürfniß und der praktischen Erfahrung gemäß, zu vereinfachen, durch die wesentlich veränderten Verhältnisse bedingte Erleichterungen zu gewähren, überflüssige Hemmnisse und Weiterungen zu beseitigen. Es will die den Grundbesitz und den Realkredit sichernden Hauptsätze der Preußischen Hypotheken-Verfassung nicht abändern, es hat zwar einzelne materielle Grundsätze modificirt, oder neue aufgestellt, im Ganzen aber hält es die bisherige Gesetzgebung aufrecht, so daß nur ausdrücklich abgeänderte Vorschriften, oder solche, die sich mit dem neuen Gesetz als unvereinbar darstellen (?), beseitigt erscheinen. Dasselbe gilt von der Hypotheken-Procedur. Das Gesetz hat nicht die ganze Gesetzgebung kodificiren wollen, sondern nur einzelne Bestimmungen getroffen (vgl. Einleitung der Instruction). Zunächst ist also so viel gewiß, daß trotz der anerkannt wesentlich veränderten Verhältnisse, eine Revision der ganzen Hypotheken-Gesetzgebung nicht veranlaßt ist, und daß es sich ferner nur um Vereinfachung der Procedur nach den bisherigen Bestimmungen handelt, und zwar in der Art, daß es Sache der Praxis sein soll, die älteren Vorschriften auszuscheiden, welche ihrem Geiste nach mit den neuen Bestimmungen unvereinbar sind. Die Novelle steht daher auf einem anderen Standpunkt, als der ist, welchen wir als unerläßlich bezeichnet haben, um den Fortschritten des Verkehrs, den veränderten Geld- und Industrieverhältnissen zu genügen, und dem Realkredit, so wie dem Grundeigenthum selbst eine feste Stütze, eine wirkliche und nicht bloß scheinbare Sicherheit und Stätigkeit zu gewähren. Sie hebt also den etwanigen Nutzen vorstehender Ausführungen nicht auf. Interessant und zweckmäßig muß es aber erscheinen, den Inhalt derselben und die dankenswerthen Verbesserungen zu betrachten, welche sie gewährt, und sie mit den aufgestellten Principien zu vergleichen. Begreiflich handelt es sich hier nicht um einen Kommentar zur Novelle, noch eine erschöpfende Kritik derselben, die außer dem Zweck und der Intention des Verfassers liegt, welcher dankbar das anerkennt, was Abschlagsweise gewährt ist; die Bemerkungen, welche die Ansicht des Gesetzes an die Hand giebt, sind daher nicht aus dem Gesichtpunkt kritischer, negativer

Spekulation zu beurtheilen. Dem Verfasser dieser Abhandlung ist es stets Grundsatz, nur die Sache im Auge zu behalten, so will auch er beurtheilt sein.

Im §. 1. bestimmt das Gesetz, in wie weit der Inhalt der von der Auseinandersetzungs-Behörde bestätigten Recesse wesentlich der Eintragung bedürfe, es will das Hypotheken-Folium nicht mit unnöthigen Vermerken angefüllt sehen, ein Motiv, das nur gebilligt werden kann. Zweifelhaft könnte nur erscheinen, ob die drei im §. 1. aufgestellten Fälle wirklich die erschöpfende Grundlage bilden, und nicht noch andere Fälle vertreten, in welchen eine Eintragung nöthig ist. Das Gesetz schließt diese aus. Es hätte zur Lösung dieses Zweifels einer vollständigen Prüfung der gesammten Agrargesetzgebung bedurft, man wird wohl aber annehmen können, daß trotz der scheinbaren Exklusivität, Ausnahmen stattfinden können, da §. 1. die Natur eines Prohibitiv-Gesetzes nicht an sich trägt.

§. 2. Was die Art der Eintragung von Altentheilen und Auszügen betrifft, so hat das Gesetz bestehende Kontroversen zu lösen gesucht, indem es auch die Eintragung von bestimmten Hebungen, Geldleistungen, und anderen Prästationen, abgesehen von Wohnungs- und Alimentations-Rechten u. s. w. in einer Rubrik anordnet, und zwar nur allgemein, mit Bezug auf die sie begründenden Urkunden. Die erste Abänderung mag vortheilhaft erscheinen, weil übersichtlicher, die zweite erregt das Bedenken, daß Käufer und Hypothekengläubiger aus dem Hypothekenbuche den Umfang der Lasten nicht erkennen, und auf die Urkunden rekurriren müssen, also Einsicht der Grundakten ihnen nöthig wird, oder der Urkunden selbst in beglaubigter Form. Abgekürzt wird freilich die Form der Eintragung, ob aber dieser formelle Vortheil so erheblich ist, um die Nothwendigkeit der Benutzung anderer Hülfsmittel dem Käufer und Hypothekengläubiger zur Pflicht zu machen, steht dahin, zumal nach dem Legalitätsprincip denkbar ist, daß einzelne Festsetzungen ganz unstatthaft erscheinen. Art. 3. der Instruktion will diese Modification auch auf noch andere Lasten und Eigenthumsbeschränkungen ausdehnen, die Motive scheinen jedoch nicht mit dem §. 2. des Gesetzes vollständig zu harmoniren.

Nach diesen Specialbestimmungen stellt das Gesetz weitere Vorschriften allgemeiner Natur auf und zwar 1) rücksichtlich des Verfahrens überhaupt. Es wird festgesetzt, welche Form die Gesuche in Hypothekensachen haben, und daß die Anträge bestimmt gestellt sein sollen, auch das Grundstück genau bezeichnet werden solle (§. 3.). Ferner wie weit die Zulässigkeit der Vertretung durch Notare und Rechtsanwälte ohne besondere Vollmacht, statthaft sei, wobei nicht zu ersehen, warum den Notarien eine größere Freiheit eingeräumt worden (§. 4.). Weiter ergehet Bestimmung über die Nothwendigkeit der Beifügung der Urkunden und Fertigung beglaubigter Abschriften zu den Grundakten, und zwar in vollständigem Kontext oder in Auszügen, welche nicht immer ausreichen dürften, um die Rechtsgültigkeit des ganzen Geschäfts und dessen einzelner Theile zu beurtheilen (§. 5.). Ferner über die Form der Requisitionen des Proceßrichters und anderer Behörden und der Pflicht des Hypotheken-Richters denselben zu genügen (§§. 6. und 7.). Der Artikel 4., 3. der Instruktion enthält hier eine Modification.

2) Hierauf folgen Bestimmungen über die Schuld- und Verpfändungs-Urkunden; a) eine materielle (§. 8.), daß es der clausula intabulandi nicht bedürfe, und eine solche auch die Stelle einer Verpfändung ersetze (cf. Art. 5. der Instruktion). Diese Bestimmung, welche die §§. 146., 195. Thl. II. der Hypotheken-Ordnung und §. 403. Tit. 20. Thl. I. Allgem. Landrecht abändert, erscheint so weit bedenklich, als die Verpfändungs-Erklärung durch stillschweigende Erklärung festgestellt wird, wozu ein Bedürfniß nicht vorlag, und welche auch nicht gerecht-

fertigt erscheint, wenn namentlich für fremde Schuld Sicherheit bestellt wird, was eben so durch eigentliche Verpfändung als bloße Caution geschehen kann. b) Weiter wird (§. 9.) bestimmt, den Schuld- und Verpfändungs-Dokumenten seien die Legitimations-Urkunden des Pfandbestellers nicht beizufügen. Gemeint sind hier offenbar Vollmachten, Erblegitimations-Atteste, Testamente (§. 14.), und bei Verpfändungen und Cessionen intabulirter Posten, die Legitimations-Urkunden des Verfügenden, insbesondere Zwischen-Cessionen, und da der §. 14. auch der Verpfändungen erwähnt, offenbar auch die die Aufhebung derselben begründenden Urkunden, da sonst die Erwähnung der Verpfändungen nicht wohl erklärlich ist. c) Es sollen ferner die Vermerke der Cession und Verpfändung nicht auf das Hauptinstrument gesetzt werden, obwohl diese Vorschrift nicht wesentlich ist (Art. 6. in der Instr.). Ob hierzu ein Bedürfniß vorlag und ob die Modification dem System der Hypotheken-Ordnung entspricht, bleibt dahingestellt.

d) Wichtiger ist die Bestimmung des §. 10., daß bei zweiseitigen Verträgen eine besondere Schuld- und Verpfändungs-Urkunde errichtet werden könne, welche auf den Hauptvertrag Bezug nimmt. Soll und muß aber der Gläubiger und Cessionar nur eine solche Urkunde erhalten, so sieht er nicht den Zusammenhang der Verpflichtung, den Grund und Umfang derselben, und muß zu dem Ende den Hauptvertrag kennen; dasselbe gilt vom dritten Besitzer. Ist die Urkunde nicht bei den Grundakten, so muß er sich diese erst weiter verschaffen. Erreicht soll der formelle Vortheil werden, daß die Hypotheken-Urkunden selbst weniger Umfang haben. An Kostenersparniß ist dabei in der Regel nicht zu denken, es können aber leicht materielle Nachtheile entstehen, wenn die Einsicht der Haupt-Urkunde unterlassen wird oder nicht erlangt werden kann (cf. Art. 6. u. 11. der Instr.).

3) Das Gesetz will dann §. 12. bei Collegial-Gerichten die Unterzeichnung der Hypotheken-Decrete außer dem Decernenten

und Dirigenten noch durch ein drittes Mitglied nicht für wesentlich achten, das Geschäfts-Regulativ soll darüber entscheiden. Art. 7. No. 1. der Instruktion stellt dies sogar nur als Ausnahme hin, welche von dem Belieben des Dirigenten bestimmt wird. Es frägt sich, ob diese Bestimmungen dem sanctionirten Legalitäts-Princip entsprechen?

4) In bunter Reihe bestimmt das Gesetz weiter, daß Zwischenerwerbungen des Eigenthums und der Intabulata nur historisch zu erwähnen seien (§. 13.), um die Kürze der Eintragungs- und Löschungsverfügungen zu befördern (Art. 7. Nr. 2. d. Instr., der zugleich noch andere Bestimmungen enthält, welche dazu mit dienen sollen). Erspart soll werden die Eintragung der Zwischenbesitzer, gewiß an sich zweckmäßig, wenn und so lange die Eintragung nicht wesentliche Bedingung des Erwerbs dinglicher Rechte ist.

5) Sodann handelt das Gesetz (§. 14.) von der Bildung der Hypotheken-Instrumente, und scheint dabei vorauszusetzen, daß die Cessions- und Verpfändungs-Instrumente, also der Erwerbstitel des Cessionar und Pfandnehmers nicht dazu nöthig seien. (cf. Art. 8. No. 1. 2.). Bleibt aber die Cession getrennt, so kann der Inhaber des Instruments doppelt cediren, 1) auf Grund des Hauptinstruments, 2) der Cession für sich. Denn Cessionen sind auch ohne Uebergabe des Hauptinstruments gültig, und das Hauptinstrument nebst Eintragungsnote begründet nicht minder die Legitimation des Cedenten. Diese Bestimmung erscheint daher gefährlich. §. 16. scheint aber das Gegentheil anzuordnen, da die Theilcession mit ausgefertigt werden soll.

6) der §. 15. stellt sodann den scheinbar höchst wichtigen materiellen Grundsatz auf, daß dem redlichen Erwerber eines Intabulats von dem eingetragenen und im Besitz des Instruments befindlichen Inhaber nur solche Einwendungen, die Berechtigung seines auctor betreffend, entgegengestellt werden können, welche

aus dem Hypothekenbuche und der Urkunde selbst hervorgehen. Allein alle Einwendungen aus der Person des auctor sind dadurch nicht abgeschnitten, es sind nur gemeint (Instr. Art. 8., 1. 2.) Einwendungen gegen die Legitimation. Also Einwendungen, welche die Dispositionsfähigkeit, Identität und die formelle und materielle Rechtsgültigkeit des Titels betreffen, bleiben unangefochten, denn die Instruktion beruft sich gerade auf die accessorische Natur des Pfandrechts und daß der Erwerber der Hypothek die Verpflichtung habe, das Instrument und dessen Abänderungen und Modificationen durch spätere Urkunden zu prüfen; es kann sich also nur darum handeln, ob der Cedent oder Verpfänder in die Rechte des eingetragenen auctor getreten ist, nicht aber, ob er gültig verpfändet oder cedirt hat, und unberührt bleiben die Einwendungen gegen den Titel des ersten eingetragenen Inhabers der Hypothek und seiner Nachfolger. Es sollen nur die Nachtheile beseitigt werden, welche die unterlassene Eintragung der Zwischencessionarien herbeiführt. Denn ist die weitere Eintragung erfolgt, so ergiebt sich die Legitimation von selbst. Der §. 15. ist aber jedenfalls nicht klar genug gefaßt; er kann weiter verstanden werden, als es gemeint ist, und der an sich nicht unberechtigte Zweifel über sein richtiges Verständniß findet nur in der Instruktiou Art. 9. seine Erledigung. Richtig verstanden ist seine Bedeutung nicht von umfassendem und bedeutendem Inhalt.

7) Die §§. 17. und 18. enthalten weiter Bestimmungen, die zum Zweck haben, die Bildung und Ertheilung von Hypotheken-Instrumenten theils zu beschränken, theils in das Belieben der Interessenten zu stellen und die Vereinfachung der Instrumente bei Uebertragungen eines Realrechts zu fördern (Art. 10., 11., 12. der Instruktion).

8) §. 19. ff. ordnet sodann an, daß Hypotheken-Scheine recognitionis causa nicht weiter ertheilt werden sollen, sondern

entweder bloße Benachrichtigungen über die geschehene Eintragung oder Löschung, oder Auszüge, oder Hypotheken-Scheine informationis causa, und in welcher Art diese Auszüge zu fertigen seien (Art. 13. der Instruktion). Dabei ist nur zu erinnern, daß alle Zu- und Abschreibungen, und nicht blos die seit der letzten Besitztitelberichtigung, wie angeordnet ist, in den Hypothekenbuchs-Auszug aufzunehmen sein dürften, da dies nothwendig ist, um den Bestand des Grundstücks zur Zeit der Eintragung genau zu kennen.

9) Der §. 27. bestimmt den Fall der Nothwendigkeit der Ingrossations-Registratur (Art. 15. der Instruktion). Die hier aufgestellten Erleichterungen gewinnen ihre Bedeutung durch §. 35. und scheinen allerdings zweckmäßig, wenn gleich zu besorgen ist, daß Täuschungen dadurch veranlaßt werden können, wenn unvorsichtige Cessionarien sich durch den Besitz des Instruments gesichert halten.

10) §. 28. beschränkt angemessen die Verpflichtung zur Eintragung ex officio nach §. 80. Tit. 2. der Hypotheken-Ordnung, hebt die §§. 84. 85. daselbst auf und setzt eine Zeitfrist zur Sicherung der Rechte der aus einer letztwilligen Verordnung Betheiligten fest (cf. Art. 16. der Instruktion).

11) §. 29. enthält wiederum eine materielle Vorschrift, welche den §. 484. Tit. 20. Thl. I. Allg. Landrecht modificirt. Freilich wird dadurch wiederum eine unbestimmte Hypothek (der Kosten wegen) begründet, außerdem die formelle, daß Nebenbestimmungen über die Zahlung des Kapitals (also z. B. Münzsorte, Zeit der Zahlung, Kündigungsfrist) nicht einzutragen seien. Hier kann also nur die Einsicht der Documente Auskunft geben (cf. Instruktion Art. 17.). Die Vorschrift bezweckt Abkürzung der Eintragungsvermerke.

§. 30. gestattet Erhöhung des eingetragenen Zinsfußes bis zu 5 pCt. ohne Consens der gleich- und nachstehenden Gläubiger.

Jeder Acquirent und Hypothekarius muß daher auf 5 Procent rechnen. Gemeint ist natürlich der gesetzliche landübliche Zinsfuß, der mit der Zeit auch ein anderer werden kann.

12) §. 31. bezweckt gleichfalls Beschleunigung und Erleichterung des Verkehrs, indem auch der Cedent, Verpfänder, Cavent, ohne Nachweis der Acceptation zum Eintragungsgesuch legitimirt sein soll. Freilich kann die Eintragung unnütz und die Löschung wieder nothwendig werden.

13) Die §§. 32. ff. betreffen die Löschung, 1) auf Grund von Judicaten, 2) auf Grund von Todtenscheinen ohne Production des Documents und Quittung, sei es sofort, sei es nach Ablauf von 5 Jahren, womit eine neue Verjährung der Rückstände der bezeichneten Leistungen aufgestellt ist, welche mit §. 2. und 3. der Verordnung vom 31. März 1838. nicht vollkommen harmonirt und nicht ohne Bedenken ist, da schon Litigiosität eingetreten oder die Verjährung sonst unterbrochen sein kann. Der Berechtigte würde sich nur durch Protestations-Eintrag schützen können. Im Falle des §. 34. dürfte die Quittung der Erben und eingetragenen Cessionarien nothwendig sein. Zur Sicherheit des Publikums scheint es nach §. 35. dringend gerathen, die Bildung von Hypotheken-Instrumenten zu verlangen, weil sonst Cessionarien und Pfandnehmer, die sich nicht haben eintragen lassen, leicht alles Realrecht verlieren. Das Gesetz erleichtert die Löschung auf Gefahr des Berechtigten, die Nothwendigkeit der Eintragung der Cessionen erscheint um so evidenter (cf. Art. 18. der Instruktion).

14) Die §§. 36. ff. erleichtern die Entlastung der Grundstücke durch ein zugelassenes Depositions-Verfahren, bei Posten, deren Inhaber unbekannt oder nicht legitimirt sind, und das Aufgebots-Verfahren; sie gehören nur soweit hierher, als die Löschung, auch ohne Amortisations- und Präclusions-Erkenntnisse, erfolgen kann, wobei jedoch zu bemerken, daß die Bestimmung

des §. 39. wegen der zu deponirenden Zinsenraten theils nicht mit dem Gesetz vom 31. März 1838. stimmt, theils der Praxis des Ober-Tribunals widerspricht, da hiernach Verzugszinsen nicht binnen zehn Jahren verjähren. Der Realanspruch soll aber für die Zinsen-Rückstände, welche einen fünf- und zehnjährigen Betrag übersteigen, verloren gehen. Zweifelhaft ist es, ob §. 42. den Diligenz-Eid (§. 114. Tit. 51. der Proceß-Ordnung) für den gegebenen Fall hat aufheben wollen, was wohl nicht in der Absicht gelegen hat (cf. Art. 19. der Instruktion).

15) Die Protestationen anlangend, hat das Gesetz §. 43. ff., die §§. 18. Tit. 2., §. 57., 72. der Hypotheken-Ordnung aufgestellten beibehalten (cf. Art. 20. der Instruktion) und nur die Löschung derselben erleichternde Bestimmungen gegeben. Andere Protestationen können nur auf Requisition des Prozeß-Richters eingetragen werden, und sind auch dergleichen die Löschung befördernde Vorschriften ertheilt. Ob erstere von Amtswegen einzutragen, ist nicht gesagt, die Hypotheken-Ordnung ist also insoweit nicht abgeändert. Nach Inhalt der Instruktion sind der Tit. 4. der Hypotheken-Ordnung und die Vorschriften bei Parcellirungen hierin nicht geändert.

16) Was insbesondere die Protestatio de non numerata pecunia anlangt, so kann sie nach 38 Tagen, so wie die wegen anderer Einwendungen und namentlich der Tilgung nur auf Requisition des Prozeß-Richters eingetragen werden, desgleichen die zur Beschränkung der Dispositionsfähigkeit des Besitzers, soweit nicht §. 43. Platz greift. (Art. 21. 22. der Instruktion.) Innerhalb 38 Tagen kann die Protestatio de non numerata pecunia unmittelbar beantragt werden, §. 50. paßt hierauf nicht.

17) §. 52. handelt vom Arrest auf Grundstücken (Art. 22. der Instruktion), er kann gleichfalls nur auf Antrag des Prozeß-Richters eingetragen werden.

18) §. 53. endlich gestattet die Einsicht der Grundakten

und erweitert die Publicität, doch dürfte hierdurch eine große Belästigung der Hypotheken-Bureaux, Vermehrung des Personals u. s. w. bedingt werden, wenn der vorgesteckte Zweck erreicht werden soll.

Dieß ist der wesentliche Inhalt des Hypotheken-Gesetzes, gegen dessen formelle Redaktion und Anordnung, da formelle und materielle, ja fremdartige Vorschriften, selbst solche, die den Kosten- und Stempelpunkt betreffen, durch einander geworfen scheinen, wenigstens die Erinnerung der mangelnden Uebersichtlichkeit erhoben werden könnte. Wie denn auch die Instruktion eine Menge beiläufiger, übrigens wichtiger Bemerkungen macht: So enthält Art. 2. eine Anweisung, auf Vereinigung sämmtlicher Grundstücke desselben Besitzers hinzuwirken, welche in der That sehr bedenklich ist. Im Uebrigen enthält er sehr praktische Fingerzeige cf. auch die Art 3., 4., 6—9., 11., 12., 14—16., 18—23.

Im Ganzen hat das Gesetz nebst mehreren bedenklichen Anordnungen, sehr anzuerkennende, dankenswerthe Erleichterungen vorgeschrieben. Ob die vorausgesetzten Vortheile sich realisiren werden, muß abgewartet werden. Bemerkenswerth ist, daß das Gesetz besonders bei den Bestimmungen über Löschungen, Protestationen, Arreste mehr das Interesse des Grundbesitzers als des Gläubigers in's Auge gefaßt, und nicht der Sicherheit der neuen Erwerber und Gläubiger prospicirt, das Princip der Publicität und Legalität nicht überall festgehalten hat. Man kann sich der Besorgniß nicht entschlagen, daß die formellen Anordnungen dazu beitragen können, den Verkehr mit Hypotheken-Instrumenten als einer coulanten Waare noch zu vermehren, was keineswegs im Interesse des Realkredits zu fördern sein dürfte. Durch die angestrebte Einfachheit des Verfahrens könne die Sicherheit des Hypotheken-Instituts benachtheiligt werden.

Die Novelle kann ihrem Ausgangspunkt, ihrem ausgesprochenen Zweck nach, eine Heilung der nachgewiesenen Gebrechen, von Grund aus nicht herbeiführen, sie bringt für einzelne Mißstände, palliative Heilmittel. Es wird also noch immer Raum zu einer weiteren legislativen Thätigkeit verbleiben, welche anzuregen, der lebhafte Wunsch und das Ziel dieser Betrachtungen ist, welche vielleicht, ohne neu zu sein, der Ueberzeugung der Praktiker und dem Bedürfniß entsprechend erscheinen, und ein übersichtliches Gesammtbild der Gegenwart und der Zukunft gewähren dürften, dabei aber die hohen Verdienste der Verfasser der Hypotheken-Ordnung und des Allgemeinen Land-Rechts dankbar anerkennen, und eben so wenig aus der cupiditas novarum rerum als einem pruritus scribendi hervorgerufen wurden.

---

§. 7. Die Gesetzgebung, betreffend die Dismembrationen und Parcellirungen.

Das Gesetz vom 3. Januar 1845, betreffend die Zertheilung von Grundstücken und die Gründung neuer Ansiedelungen, hatte die Uebelstände beseitigen wollen, welche aus der Zerstückelung von Grundstücken und der Gründung neuer Ansiedelungen ohne gleichzeitige Regulirung der Abgaben und Kommunal-Verhältnisse entstehen. Es hatte für die älteren Provinzen des Staats im Widerspruch mit dem Edikt vom 9. Oktober 1807 wesentliche Beschränkungen des Eigenthums herbeigeführt. Es knüpfte bei Vermeidung der Nichtigkeit die Gültigkeit des Parcellirungs- und Dismembrations-Vertrags an die Aufnahme durch den Hypothekenrichter, oder dessen Commissar, gestattete die Aufnahme des Vertrags erst nach Eintragung des Besitztitels für den Veräußerer, oder bei gleichzeitigem Antrage auf Berichtigung des

Besitztitels nach einjährigem Besitz des Grundstücks, und führte wiederum den direkten Zwang zur Besitztitel-Berichtigung, selbst in den Fällen des §. 5. des Gesetzes nur mit Ausschluß des Falls Nr. 5. (bei Expropriationen) ein. Es gestattete die Berichtigung des Hypothekenbuchs erst nach geschehener Regulirung der Abgaben und Leistungen, welche die Natur öffentlicher Lasten haben, und nachdem über die Verhältnisse der Realgläubiger das §. 91. Tit. 2. der Hypotheken-Ordnung vorgeschriebene Regulativ verhandelt war. Vor Beendigung dieses weitläuftigen Regulirungsverfahrens versagte es dem Erwerber des Trennstückes die Ausübung öffentlicher Rechte, wie er denn von selbst an der privatrechtlichen gehindert wurde. Weiter gab es beengende Vorschriften in Bezug auf neue Ansiedelungen, welche aus polizeilichen Gründen ganz untersagt werden durften, und machte von der dießfälligen Regulirung die Aushändigung des Baukonsenses und die Abschreibung des Trennstückes und die Berichtigung des Besitztitels für das neugebildete Grundstück abhängig. Daß diese Verordnung die Parcellirungen bedeutend verzögern mußte, und da der Erwerber über die Parcelle nicht disponiren konnte, fast illusorisch machen mußte, jedenfalls den Realkredit für beide Kontrahenten sehr beschränkte, zeigte bald die Erfahrung und die Motive der Regierung zum Gesetz v. 24. Februar 1850, und die Kammerverhandlungen erkannten diese Konsequenzen auch an. Dies Gesetz in Anerkennung des §. 42. der Verfassungs-Urkunde, garantirte das freie Recht des Eigenthums und der Theilbarkeit, um im Interesse des Staats den Erwerb kleinerer Grundstücke den unangesessenen Staatsbürgern zu erleichtern. Es hob die §§. 2—5. des Gesetzes vom 3. Januar 1845 und dessen Deklaration von 7. August 1846 auf, so daß die Aufnahme der Verträge auch den Notaren gestattet war, und selbst nur schriftliche Verträge klagbar waren, es machte die Berichtigung des Hypothekenbuchs, die Aushändigung des Baukonsenses für neue

Anlagen nicht mehr von der vorgängigen Berichtigung der Abgaben-Verhältnisse und den Vorschriften über die Zulässigkeit neuer Ansiedelungen abhängig. Mit rascher Eile ist aber die Verordnung vom 24. Februar 1850 zum größten Theil wieder beseitigt. Gleichzeitig mit der wichtigen Deklaration der §§. 74. 97. des Gesetzes vom 2. May 1850 erging unter dem 24. Mai 1853 ein neues Gesetz, dessen Tendenz und Motiv von selbst einleuchtet. Es stellt zunächst die §§. 2—5. des Gesetzes vom 31. Januar 1845 wieder her, sodann stellt es neue beschränkende Bestimmungen für den Fall auf, wenn Dismembrationen oder Parcellirungen im Wege des öffentlichen Aufgebots und der meistbietenden Versteigerung (sic!) stattfinden sollen. Dergleichen unter Zuziehung eines Richters aufzunehmende Verhandlungen können erst nach Regulirung der Abgaben-Verhältnisse, der Reallasten, Renten und Hypothekenschulden geschehen. Freilich ist dafür (§. 9.) die Nichtigkeit nicht direkt ausgesprochen, allein §. 7. des Gesetzes setzt nothwendig immer die Anwendung der §§. 2—5. voraus, so daß die Aufnahme des Vertrags vor dem Hypotheken-Richter unbedingt nothwendig ist und die Regulirung der Abgaben u. s. w. jedenfalls der Hypothek-Eintragung vorangehen muß. Die Befugniß zu neuen Ansiedelungen ist weiter noch mehr beschränkt. (§§. 11—13.) Bemerkenswerth ist, daß §. 2. des Gesetzes vom 21. Februar 1850 nur hinsichtlich der Vorschrift wegen des Baukonsenses und nicht allgemein aufgehoben ist, scheinbar also noch erhebliche Bedeutung hat. Die §§. 6. ff. bezwecken hauptsächlich den gemeinschädlichen sogenannten Hofausschlächtereien zu begegnen, und werden deshalb darin strengere Vorschriften aufgestellt. Da sonach, abgesehen von diesen öffentlichen Versteigerungen, der §. 2. des Gesetzes vom 2. Mai 1850 im Uebrigen stehen bleibt, so ist die Berichtigung des Besitztitels, von jenen abgesehen, von der Regulirung der Abgaben-Verhältnisse u. s. w. nicht bedingt. Die Konsequenz dieser Bestimmungen leuchtet nicht ein, da nicht abzusehen ist, wie die Form des Verkaufs einen Unterschied hinsichtlich des Hypothekenbuchs begründen soll.

So wie die Sache also liegt, so sollen die Parcellirungen erschwert werden durch die gebotene Aufnahme des Vertrags vor dem Hypotheken-Richter und bei öffentlichen Versteigerungen durch die nothwendige Regulirung der Abgaben- und Real-Verhältnisse vor der Zuschreibung im Hypothekenbuch. Durch diese Anordnungen, ganz dahingestellt, ob sie den beabsichtigten Erfolg herbeiführen werden, ist der neue Erwerber einer Parcelle theils auf unbestimmte Zeit hinaus an der Aufnahme von Hypotheken, selbst für das rückständige Kaufgeld, gehindert, theils jedem Eigenthümer die Zertheilung seines Eigenthums erschwert, kostspieliger gemacht, und der Realkredit beschränkt. Ob national-ökonomische und politische Gründe diese der Verfassung nicht entsprechende Hemmnisse rechtfertigen, und ob nicht die Conservation eines tüchtigen Bauernstandes durch anderweite nach provinziellen Verhältnissen und Bedürfnissen zu treffende Beschränkungen zu fördern war, namentlich durch Feststellung eines bestimmten Maaßes von Größe für die selbstständigen Parcellen, welche sich zur Eintragung ins Hypothekenbuch und dinglicher Belastung durch Hypothek eignen sollen, dieß zu erörtern, liegt außer dem Beruf und dem Zweck dieser Betrachtung. Soviel ist aber wohl gewiß, daß die indirekten Hemmnisse der Parcellirung durch formelle Maaßregeln, das Eigenthum und den Realkredit benachtheiligen, weil die administrativen Maaßregeln dem Zufall mindestens Raum gestatten, und die Abwickelung des Geschäfts hinausschieben. Die Gesetze wegen erleichterten Tausches und Abverkaufs kleiner Parcellen vom 23. April 1841 und 3. März 1850, welche nur die Nothwendigkeit der Einwilligung der Hypothekarien und Agnaten beseitigen sollen, sind untergeordneter Bedeutung, und vermögen nicht den Nachtheilen abzuhelfen, welche durch das Gesetz vom 24. März 1853 dem Grundbesitz und dem Realkredit drohen, und welche sich nur zu bald zum Nachtheil der Nationalökonomie fühlbar machen dürften. War es nothwendig, die Dismembrations-Freiheit bis zu gewissem Grade einzuschränken, so mußte eine solche Grenze positiv ausgesprochen, nicht aber in Erschwerung der Formen und hemmenden Maaßregeln gefunden werden, welche dem bedrängten Grundbesitzer die Erhaltung seiner Existenz durch Abverkauf fast unmöglich machen.

Als über ein Hinderniß der Hebung und Förderung des Realkredits hat deshalb auch hier die Betrachtung der Gesetzgebung von 1845 und weiter ihre Stelle finden müssen, indem sie zugleich hemmend auf das Hypotheken-Institut und die Geschäftsführung des Hypotheken-Richters einwirkt.

---

§. 8. Die Gesetzgebung über das Subhastationsverfahren.

Erheblicher und wichtiger ist der Nachtheil, den der Hypotheken-Kredit und das Nationalwohl durch die gegenwärtige Gesetzgebung über das Subhastationsverfahren erleidet. Die nothwendige Subhastation, denn nur von dieser handelt es sich hier, ist eine Form des Kaufkontrakts, sie hat aber auch, weil der Richter zugleich Eigenthum zuerkennt, (adjudicirt) die Natur eines gerichtlichen Verfahrens, wenn auch nicht eines Rechtsstreites.

An sich ist es nicht gerade nothwendig, daß der Richter das Subhastationsverfahren leitet und ein Urtheil fällt. Sobald richterlich feststeht, daß der Fall des Zwangsverkaufs eingetreten ist, könnte dieser auch außerhalb des Fori durch andere öffentliche Beamte, etwa einen Notar, erfolgen, und der Zuschlag sofort ohne Urtheil ertheilt werden. Aus inneren und äußeren Gründen rechtfertigt sich aber wohl das Einschreiten des Richters und die Erlassung eines Urtheils, nicht einer bloßen Ordonnanz, gegen welche doch das französische Recht Rechtsmittel gestattet. Gewiß aber ist, daß das Subhastationsverfahren nur dann zweckmäßig geleitet und beendet wird, wenn es einerseits dem executionsberechtigten Gläubiger, dem Extrahenten, zur schleunigen sicheren Befriedigung verhilft, andererseits den Schuldner, Subhastaten, vor Verkürzung wahrt, und insbesondere den Käufer sub fide publicae hastae, dagegen schützt, daß er nicht durch Angriffe des Schuldners, der Gläubiger oder Dritter aus dem bezahlten Eigenthum verdrängt, daran verkürzt werde, jedenfalls dafür sorgt, daß bei Aufhebung des Zuschlagsbescheids gegen Rückgabe des Grundstücks, auch die Rückgabe des eingezahlten Kaufgeldes sofort gewährt und er nicht in Weiterungen und offenbaren Schaden gebracht werde. Eine genauere Prüfung der Subhastations-Gesetzgebung wird aber zeigen, wie wenig diesen Rücksichten entsprochen ist, und wie sehr dadurch der Hypotheken-Kredit untergraben wird.

Das Allgemeine Landrecht behandelte den nothwendigen Verkauf im Ganzen als einen Vertrag, wie den freiwilligen. Es gestattete die Aufhebung dieses Vertrags nur aus den in dem §. 348. Tit. 11. Thl. I. Allgem. Landrecht aufgestellten Formmängeln im Wege des Antrags bei der vorgesetzten Behörde des Gerichts, von welchem der Zuschlag geschehen, innerhalb Jahr und Tag nach erfolgtem Zuschlage, aber nur dem verkaufenden Theil, oder wer sonst ein rechtsgegründetes Interesse nachwies, niemals aber dem Käufer. Jedes andere Rechtsmittel war nach §. 60. Tit. 52. der Proceß-Ordnung ausgeschlossen. Die Klage auf Aufhebung des Vertrags im Wege der gewöhnlichen Klage aus materiellen Gründen ist dadurch freilich nicht ausdrücklich abgeschnitten worden, sie mußte aber jedenfalls nur eine untergeordnete Bedeutung haben, und nur sehr selten eintreten können, weil Irrthum, Betrug, Unmöglichkeit der Erfüllung und andere Aufhebungsgründe bei der Publicität und Legalität des Verfahrens und dessen Sanktion durch ein besonderes Urtheil nur sehr selten Anlaß zum Rücktritt vom Vertrage geben konnten. Muß man daher auch die Zulässigkeit einer solchen Klage, was bestritten ist, für zulässig achten, worauf es hier nicht weiter ankommen kann, wofür jedoch Suarez Schlußvorträge sprechen, so war doch hierbei, wie bei der zulässigen Vindication, der Käufer nothwendig als bonae fidei possessor zu behandeln, und es konnten auf beiden Seiten erhebliche Verletzungen nicht herbeigeführt werden. Als die Allgemeine Gerichts-Ordnung in dieser Materie noch in voller Kraft war, waren dergleichen Anfechtungen der Adjudikationsurtel nur sehr selten, man sah allgemein den Kauf sub hasta als einen sichern an und es schien durch die bestehende Gesetzgebung für die Interessen der Schuldner und der Gläubiger hinreichend Fürsorge getroffen. Die Mängel der Gesetzgebung, namentlich im Interesse des Käufers, in einzelnen Bestimmungen der Proceß-Ordnung, welche zur Verschleppung des Verfahrens führten, und das Bedürfniß, feste Normen des Verfahrens aufzustellen, auch den Miteigenthümern und Erben den Verkauf des Grundstücks und die Auseinandersetzung mit den Mitinteressenten zu erleichtern, veranlaßten das Gesetz v. 4. März 1834, welches in Zusammenhange mit der Verordnung vom 14. December 1833 und deren Declaration vom 6ten April 1839 die Subhastations-Ordnung und das Verfahren während und nach der Subhastation regelt. In Folge der neuen Gesetzgebung ist aber nicht nur der Kauf sub hasta necessaria ein gefährlicher, unsicherer geworden, die Rechte der Schuldner, wie der Gläubiger und Käufer werden, wie die Praxis gezeigt hat, Verwickelungen, Weiterungen, ja offenbaren Verkürzungen Preis gegeben. Die Quellen dieser Uebelstände sind hauptsächlich in nachstehenden Gründen zu suchen.

1) Das Adjudikations-Urtel kann nur zum Vorwurf haben die Prüfung der Förmlichkeiten des Verfahrens, der gesetzlichen Hindernisse des Zuschlags, die Entscheidung der Einwendungen, welche das Verfahren selbst und den Zuschlag überhaupt, und insbesondere das bestimmte Meist- und Best-Gebot der Licitanten, die Bedingungen und Modalitäten des Zuschlags betreffen, selbstredend, ob die Erfordernisse eines gültigen Kaufs überhaupt vorliegen. Es kann aber jenes Urtheil nicht eine Entscheidung über streitige Rechte dritter Interessenten, und über die Einwendungen gegen die Zulässigkeit der Subhastation überhaupt, aus besonderen Rechtsgründen, und keine Entscheidung über materielle Rechtsfragen enthalten, welche in den Kreis des Subhastations-Verfahrens schon deshalb nicht gehören, weil dies kein eigentlicher Proceß ist, und ohne daß die Interessenten thatsächlich und rechtlich gehört sind, nicht beiläufig und nebenher, ohne ordentliche Rechtsmittel ein Urtheil gefaßt werden kann, bei welchen es an allen Bedingungen desselben fehlt. Die bisher geltende Gesetzgebung hat diese nothwendigen Grenzen nirgends festgestellt, vielmehr ein Schwanken in der Verhandlung vor dem licitirenden, und ein Eingreifen des adjudicirenden Richters begünstigt, das die nachtheiligste Verwirrung herbeiführt, der auch das Rechtsmittel der Nichtigkeitsbeschwerde, selbst ein Nachtheil, nicht immer Abhülfe gewähren kann. So werden z. B. Einwendungen von Miterben und Miteigenthümern, Ansprüche von Intervenienten, Vorkaufsberechtigten, Nutzungsberechtigten, Einwendungen gegen die materielle Zulässigkeit des Verfahrens im Wege nothwendiger Subhastation, weil entweder das Objekt nicht verkäuflich ist, oder der Antrag auf Subhastation nicht gehörig begründet oder erledigt sei, in den Kreis der Beurtheilung der Adjudikatorien, wenn auch nur als Incidentpunkte, gezogen, und so die Rechte der Betheiligten gefährdet. Die Rücksicht auf die baldige Befriedigung der Gläubiger und Miteigenthümer, die

rasche Abwickelung des Verkaufsgeschäfts, ist zwar ein wichtiges Moment der Behandlung, allein es darf dies Moment nicht ausschließlich gelten, es ist nothwendig dadurch bedingt, daß der Rechtsgrund zur Einleitung des Verfahrens vor derselben unzweifelhaft feststehe, und vor dem Zuschlage alle Ansprüche dritter Intervenienten und alle materiellen Einwendungen im ordentlichen Rechtswege erledigt worden, sei es, daß der Zuschlag allein, sei es, daß selbst der Licitations-Termin ausgesetzt werde. Das Zuschlagsurtel muß auf seine eigentlichen und natürlichen Grenzen zurückgeführt werden.

Dies könnte dadurch herbeigeführt werden, daß bevor die Einleitung der Subhastation erfolgt, die Interessenten der Subhastation, so wie diejenigen, welche sonst rechtliche Einwendungen geltend zu machen haben, mit bestimmter kurzer Präclusivfrist, aufgefordert werden, diese geltend zu machen, widrigenfalls sie später unter keinen Umständen damit gehört werden können. Dies Vorverfahren kann keine Schwierigkeiten haben, wenn der Grundsatz feststeht, daß nur durch Eintragung ins Hypothekenbuch dingliche Rechte an das Grundstück erlangt werden können, jedenfalls aber, so weit und so lange jener Grundsatz noch nicht zur Anwendung gebracht werden kann, eine öffentliche Aufforderung erfolgt. Es versteht sich von selbst, daß diese Einwendungen, wenn auch nicht liquid gemacht, doch wenigstens bescheinigt sein müssen. Werden alsdann dergleichen Ansprüche und Einwendungen erhoben, so müssen sie zuvor erörtert und entschieden werden, und zwar im Wege des schleunigen Verfahrens, erst alsdann kann mit der Taxe und Subhastation verfahren werden. Im Laufe dieses Subhastations-Verfahrens können neue Einwendungen und Ansprüche der Art, mit Ausnahme der weiter zu besprechenden Einwendung der Befriedigung, in so fern sie sofort liquid gemacht wird, nicht mehr geltend gemacht werden. Durch ein solches Vorverfahren werden alsdann alle Fragen definitiv erledigt, welche dem Subhastationsverfahren selbst entgegenstehen, und dasselbe wird dem Licitations-Kommissarius, wie dem adjudicirenden Richter Sicherheit des Verfahrens, und den Betheiligten auch die angemessene Berücksichtigung und Erörterung ihrer Rechte gewähren.

2) Unsere Gesetzgebung kennt kein domicile élu, sie ordnet die Zuziehung der Interessenten, Mittheilung der Patente, bei auswärtigen, durch bloße Absendung zur Post, der aus dem Hypothekenbuch ersichtlichen, aber ihrem Wohnorte nach unbekannten Interessenten, so wie aller Realinteressenten bei nicht regulirtem Hypothekenbuch durch die öffentlichen Patente an. Es kömmt daher nicht selten vor, daß den Subhastations-Interessenten in der That keine Kunde von dem Verfahren wird, da ohne specielle Ladungen, wobei die zufällige Wissenschaft des Decernenten und der Zufall entscheiden, eine Sicherheit nicht zu erlangen ist, daß eine Benachrichtigung wirklich erfolgt ist. Es genügt z. B. nicht, daß zu anderen Akten desselben Gerichts der richtige Aufenthaltsort angezeigt ist. Aus dem Hypothekenbuch selbst geht zudem nur selten ein bestimmter Wohnort hervor, namentlich der neueste, und die angeordnete Art der Bekanntmachung in den öffentlichen Blättern der Provinz ist jedenfalls für auswärtige Gläubiger unausreichend, abgesehen davon, daß dergleichen Anzeigen sehr leicht übersehen werden und unbeachtet bleiben. Ist aber die vorgeschriebene Form beachtet, so hilft weder Restitution noch Nichtigkeitsbeschwerde den verletzten Interessenten. Alle solche Mängel und die zahlreichen nicht immer grundlosen Nichtigkeitsbeschwerden wegen mangelhafter Zuziehung der Interessenten, würden wegfallen, wenn jeder Grundbesitzer und Realinteressent ein bestimmtes Domicil nehmen müßte, in welchem er Recht zu nehmen und die Vorladungen zu empfangen hat, da es dann seine Sache ist, die geeigneten Maaßregeln zu treffen. Müssen alle Interessenten die Vorladungen am Sitz des

Gerichts als gültig anerkennen, so kann die Procedur in dieser Beziehung nur sehr einfach sein, und alle Verzögerung im Subhastationsverfahren und für die Nichtigkeitsinstanz würde wegfallen. Etwanige Nachtheile hätte jeder Interessent sich selbst beizumessen.

3) Das Gesetz gestattet nur den erschienenen Interessenten einen Widerspruch gegen das Licitum, und zwar nur einen sofortigen, und abgesehen von gesetzlichen Hindernissen des Zuschlags nur, wenn ein neuer Licitations-Termin beantragt und Kaution gestellt wird. Eine Folge davon ist, daß wenn der Extrahent der Subhastation nicht erscheint, wenn der Schuldner die Befriedigung desselben nicht vorher und die Aufhebung der Subhastation bewirkt, ja selbst, wenn er im Termin die volle Befriedigung bewirken wollte, der Gläubiger aber nicht gegenwärtig ist, sonach nicht feststeht, was er an Zinsen und Kosten zu fordern hat, so daß das Präjudiz No. 646. des Ober-Tribunals nicht ausreicht, dennoch mit dem Feilgebot und Zuschlag verfahren werden muß, und daß bei Abwesenheit aller Interessenten dem ersten besten Licitanten der Zuschlag ertheilt werden muß, mag auch das Gebot Schuldner und Gläubiger offenbar beschädigen und dem Licitanten einen ganz unberechtigten Gewinn bringen. Das Gesetz hat hier nur das Interesse des Licitanten, das möglicher Weise nur einen Anspruch auf Entschädigung begründen könnte, ins Auge gefaßt und aus ganz ungerechtfertigter doktrineller Ansicht, um den Zuschlag à tout prix zu bewirken, das Vermögen der Betheiligten Preis gegeben. Es kömmt dem Gesetz nicht auf Einwilligung in das Meistgebot an, sondern nur auf einen nicht erfolgten Widerspruch, denn das Ausbleiben im Bietungstermin kann offenbar nicht für einen stillschweigenden Consens erachtet werden. Es liegt aber in der Natur der Sache, daß wenn der Extrahent des Verfahrens nicht erscheint, das Feilgebot nicht erfolge. Nur er hat ein Interesse dabei, welches er durch Erneuerung des Subhastations-Gesuchs und Reassum-

tions=Anträge weiter verfolgen mag, wenn er verhindert war, den Termin wahrzunehmen. Durch eine Fictio legis anzunehmen, daß er dennoch auf Exekution und den Verkauf bestehe, daß ex officio mit dem Feilgebot verfahren werden müsse, obwohl der Extrahent dies nicht fortgesetzt wissen will oder kann, da er z. B. befriedigt ist, Nachsicht verstattet hat, und ihn im Interesse des Licitanten zu zwingen, daß er vor dem Termin entweder die Subhastation zurücknehme, oder im Termine selbst, vor Abgabe der Gebote, die Rücknahme erkläre, das Feilgebot hindere, ist eine harte, unberechtigte Forderung, da es in der Sache begründet ist, daß die richterliche Thätigkeit beim Licitiren nicht früher eintritt, als bis der Extrahent sie in termino angerufen, das Grundstück zur Subhastation und Feilgebot stellen läßt. Es liegt auf der Hand, daß ein unvorsichtiger Schuldner und Gläubiger, ja selbst ohne alle Schuld, Verlust ihres Eigenthums und ihrer Forderung erleiden können, wie dies in der Praxis bereits öfter vorgekommen ist, da sogar die ersten Hypotheken ausgefallen sind, wenn bei Abwesenheit der Interessenten ein noch so geringes Gebot erfolgte. Da ferner Schuldner und Hypothekengläubiger nur durch sofortige Cautionsstellung, wozu sie öfter außer Stand sind, den Zuschlag abwenden können, wenn nur ein einziger Mitinteressent, der vielleicht unter allen Umständen ausfällt, selbst bietet, oder mit dem Bieter kolludirt, den Anträgen der übrigen widerspricht.

Schreiender noch werden diese Nachtheile, wenn der Erbe, Miteigenthümer, Massenkurator, ohne allen gegenwärtigen Zwang zur Befriedigung eines mit Exekution andringenden Gläubigers, das Grundstück zur Subhastation stellt, da nach §. 2. des Gesetzes die Subhastation mit allen ihren Wirkungen eintritt. (Das Gesetz vom 11. August 1843. hat nur theilweis geholfen.)

Ist übrigens ein Grundbesitzer nur realiter verpflichtet, so hat er das leichteste Mittel an der Hand, das Grundstück zum

Nachtheil der ausgebliebenen Gläubiger für einen geringen Preis an sich zu bringen.

Diese Nachtheile werden durch den Satz gesteigert, daß aller Widerspruch sofort im Licitations-Termine erfolgen muß, da selbst die einstimmige Erklärung aller Interessenten, der Nachweis der Befriedigung des Extrahenten, die Stellung einer Kaution nachher einflußlos bleibt. Hat es dabei in der Absicht gelegen, die Verkäuflichkeit des Grundstücks zu befördern, die schnellere Befriedigung des Extrahenten herbeizuführen, so ist dieser an sich wohlberechtigte Zweck nicht nur auf Kosten und Gefahr des Schuldners, sondern auch der Gläubiger und Extrahenten, ins Ungemessene mit starrer Konsequenz verfolgt worden. Einzelne praktische Beispiele sollen dies veranschaulichen. A. hat wegen seiner ersten Hypothek von 3000 Thlr. die Subhastation extrahirt, sein Bevollmächtigter ist durch plötzliche Krankheit im Termine zu erscheinen verhindert, der Zuschlag erfolgt an einen Licitanten für wenige Thaler. 2) Der Schuldner hat den Gläubiger mit aller Anstrengung den Tag vor der Licitation vollständig befriedigt, er kann wegen Verhinderung des Gläubigers den Nachweis der Befriedigung vor Abschluß des Termins nicht beschaffen. Kurze Zeit nach dem Abschluß des Bietungsverfahrens erscheint der Extrahent vor Gericht und nimmt die Subhastation zurück, es ist zu spät! 3) Der Gläubiger beantragt einen neuen Termin, er kann aber die zur Eintragung vorliegende Urkunde behufs Bestellung der Caution erst den Tag nach dem Bietungs-Termin einreichen; zu spät, mag auch das Erkenntniß erst nach Monaten abgefaßt werden. Diese Fälle, nicht etwa fingirt, sondern aus dem Leben gegriffen, und zahllos andere sind denkbar, zeigen, wie leicht Schuldner und Gläubiger um Habe und Gut kommen können, selbst ohne Schuld und ohne alle Rechtshülfe, nur der Licitant gewinnt auf ihre Kosten. Von solcher Härte wußte die Allgemeine Gerichts-Ordnung nichts (§§. 38., 41., 42., 52., 54.

Tit. 52. der Proceß-Ordnung). Sie bestimmte nicht, daß in der Zeit zwischen Termin und Zuschlags-Erkenntniß nicht die Zurücknahme der Subhastation, Ansetzung eines neuen Termins erwirkt werden könne. Sie gab dem Licitanten durch das Gebot selbst kein Recht auf den Zuschlag, wie dies das neuere Gesetz annimmt, sie erforderte die Einwilligung der Interessenten in den Zuschlag, im Gegensatz zu dem Gesetz vom 4. März 1834, welches nur einen motivirten Widerspruch zuläßt. Der tiefere Grund hiervon liegt in der theoretischen, unrichtigen Voraussetzung, daß das Gebot eine Acceptation einer Offerte enthalte, und diese wurde in dem öffentlichen Patente gefunden. Das Gesetz kennt keine mise à prix (Code de procedure A. 697., 698.), und um so weniger ist einzusehen, wie eine ganz allgemeine, rein präliminaire Aufforderung zum Feilbieten, eine bestimmte Offerte sein könne (der Taxpreis kann unmöglich der angebotene Verkaufspreis sein, ist aber auch gleichgültig, mit Ausnahme der Beschränkung bei adeligen Gütern), eine bindende Erklärung, welche im Vorhinein jedes geringe oder sonst unzulässige Gebot eines vielleicht ganz unsicheren Bieters genehmigt. Durch das Gebot also ohne Widerspruch, und sogar ohne fingirten Widerspruch, soll ein bindender Kaufvertrag zu Stande kommen, und doch legt anderweit das Gesetz so viel Gewicht auf das Adjudikationsurtel, und unterwirft dasselbe der Nichtigkeits-Beschwerde. Aus ganz gleichgültigen Umständen für den Bieter also, wird ein Grund zur Aufhebung des Vertrags hergeleitet. So wenig die Theorie berechtigt ist, welche das Gesetz aufstellt, und so wenig dieselbe konsequent durchgeführt ist, so wenig hat sie sich praktisch bewährt. Sie beruht auf willkürliche Fiktion und einer Officialmaxime, welche das Gesetz fast nicht mehr anerkennt, sie verwirrt und erschwert die Funktion des licitirenden und adjudicirenden Richters, beruht nicht auf praktischem Bedürfniß, verletzt vielmehr die Interessenten, und veranlaßt viele unbegründete Nichtigkeitsbeschwerden.

4) Das Gesetz vom 14. December 1833 hat dieses Rechtsmittel auch auf Adjudikations-Bescheide zur Anwendung gebracht. Ob dieses Gesetz an sich, welches das Rechtsmittel der Nichtigkeitsbeschwerde neben dem der Revision einführt, in sich und in dem Zusammenhange mit der Declaration vom 6. April 1839, den Ansprüchen einer guten Justizverwaltung entspreche, das zu untersuchen ist hier nicht der Ort, wenn gleich die Erfahrung genügend dargelegt hat, daß dem nicht so sei. So viel ist aber gewiß, daß die Anwendung der Nichtigkeitsbeschwerde auf Adjudikationsurtel zu den traurigsten Resultaten führt. Die Nichtigkeitsbeschwerde ist statthaft wegen Verletzung von Rechtsgrundsätzen und wegen Verletzung wesentlicher Proceßförmlichkeiten. Die Grenze beider Arten von Verletzungen ist nicht selten zweifelhaft. Die Proceßförmlichkeiten sind 1) die in der Verordnung selbst bezeichneten, so wie die, welche die Declaration aufstellt. 2) Die aus dem Allgem. Landrecht §. 348. ff. Tit. 11. Thl. I. entnommenen. Was die ersten anlangt, so sind mehrere in §. 5. der Verordnung von 1833 aufgeführten auf das Adjudikationsurtel und Subhastationsverfahren nicht anwendbar, insbesondere die Fälle: a) daß der Implorant nicht gehört, daß ihm derjenige Vortrag des Gegners, worauf sich der beschwerende Inhalt des Erkenntnisses gründet, gar nicht, oder nicht rechtzeitig mitgetheilt worden; b) daß ein falsches Präjudiz angedroht und angewendet und darauf der beschwerende Inhalt des Erkenntnisses gegründet worden; c) der Fall der Omission der in den Proceßschriften und Protokollen mit Angabe der Beweismittel aufgestellten erheblichen Thatsachen; d) der Aktenwidrigkeit gegen den wörtlichen Inhalt der Erklärungen der Partheien oder der aufgenommenen Beweismittel über der Entscheidung zu Grund gelegte Thatsachen; e) wenn völlig beweis-

unfähigen Beweismitteln Beweiskraft verliehen worden; f) daß ultra petita erkannt worden, ferner, aus der Declaration vom 6. April 1839; g) wenn Implorant über Thatsachen und Rechts-Einwendungen, die der Entscheidung zu Grunde gelegt worden, nicht gehört ist; h) wenn der Beweismittel über erhebliche Thatsachen nicht gedacht worden; i) wenn den gesetzlich vollen Beweis liefernden Beweismitteln die Beweiskraft ohne Anführung von Gründen versagt worden. Es handelt sich im Subhastationsverfahren nicht von streitigen Partheien, von streitigen Thatsachen und Rechtseinwendungen, von zu stellenden Präjudicien, von Würdigung und Aufnahme von Beweismitteln. Der Subhastationsproceß ist nichts anderes, als das gerichtliche einen Zwangsverkauf regelnde Verfahren, unter bestimmten Förmlichkeiten und Maaßgaben. Der Adjudikationsbescheid ist kein Urtheil über streitige That- und Rechtsfragen, seiner Natur nach, und wenn nicht zur Ungebühr dergleichen hineingezogen werden, wozu weder das Verfahren sich eignet, noch auch, da keine ordentlichen Rechtsmittel stattfinden, Rechtssicherheit gewährt. Das Urtheil soll vielmehr nur den Uebergang des Eigenthums von dem bisherigen Besitzer auf den Käufer vermitteln. Es soll kund thun, daß die vorgeschriebenen Förmlichkeiten beachtet sind, daß in Folge des Gebots dem Käufer, weil gesetzliche Hindernisse nicht obwalten, das Eigenthum durch den Richter statt des Verkäufers überwiesen werde, es vertritt insofern den obrigkeitlich sanctionirten Kaufvertrag. Es hat aber auch die andere Seite, daß es dem bisherigen Besitzer sein Eigenthum kraft Gesetzes nimmt und dem Meistbietenden überträgt, den fehlenden Konsens des Schuldners und der Miteigenthümer, Miterben ergänzt, und so eine rechtliche Gewähr giebt, nicht sowohl aus der richtenden Gewalt, als dem imperium der Obrigkeit, weshalb denn der code de procédure nur von einer richterlichen ordonnance spricht, gegen welche er freilich die Cassation zuläßt.

Allerdings können auch hierbei einzelne Streitfragen entstehen, die der Gang des Subhastationsverfahrens selbst hervorruft, nämlich auch abgesehen von den Förmlichkeiten des Verfahrens und der Rücksicht, ob gesetzliche Hindernisse dem Zuschlage entgegen stehen, namentlich über die Erwerbsfähigkeit des Bieters, über die Höhe und Zulässigkeit gestellter Kautionen, über die Höhe und Statthaftigkeit des Meistgebots, über die Fragen, wer unter mehreren Bietern der Best- und Meistbietende sei, ob die Widersprüche gegen den Zuschlag begründet, ob die gestellten Bedingungen statthaft seien und dergleichen mehr. Alle diese Fragen bewegen sich aber nur in der Sphäre des Subhastationsverfahrens selbst, während Ansprüche Dritter aus Eigenthums- und dinglichen Rechten gar nicht in das Subhastationsverfahren gehören. Es können daher allerdings Streitpunkte entstehen, welche in der Adjudicatoria ihre Erledigung finden müssen, allein diese können nur aus den Verhandlungen, die Subhastation betreffend, hervorgehen, und sie müssen im Licitations-Protokoll ihre Begründung finden. Sie hat sich aber nicht mit weiterer Erörterung, mit Prüfung von Beweisen u. s. w. zu befassen, und es kann daher an sich die Verordnung vom 14. December 1833 nur in sehr ungeeigneter Weise auf Zuschlags-Erkenntnisse angewendet werden, und doch will die Instruktion vom 7. April 1839 den §. 5. jener Verordnung und Art. 3. der Declaration berücksichtigt wissen. Erfahrungsmäßig haben nur die Fälle des §. 5. No. 1. und 10. a. und b., Art. 3. No. 1. der Deklaration und selbst diese nur mit künstlichen Unterstellungen Anwendung gefunden. Daneben findet die Vernichtung der gedachten Urtel auch wegen Verletzung der in den §§. 347. ff. Tit. 11. Thl. I. Allgem. Landrecht und in der Verordnung v. 2. December 1837 vorgeschriebenen Förmlichkeiten und außerdem wegen Verletzung materieller Rechtsgrundsätze statt. Dazu rechnet die Instruktion die Rechtsgrundsätze vom Kaufvertrag überhaupt, und die besonderen Erfordernisse und Bedingungen des öffentlichen Zwangsverkaufs. Zu den letzteren scheint sie zu rechnen, daß kein gesetzlich zu berücksichtigender Widerspruch gegen die Zulässigkeit der Veräußerung und keine Ansprüche von Realprätendenten, Intervenienten, dem Zuschlag entgegenstehen. Die Instruktion scheint hierüber nicht recht klar; sie mischt offenbar Streitfragen in den Kreis der Adjudikatorien, welche ihnen fremde Gegenstände betreffen, da offenbar Ansprüche von Intervenienten und wenigstens nicht alle Ansprüche von Realprätendenten durch die Adjudikatoria, welche für sie res inter alios acta ist, definitiv ausgeschlossen werden. Unter den Erfordernissen und Bedingungen versteht aber die Instruktion entweder die formellen des §. 347. ff. Tit. 11. Thl. I. Allgem. Landrecht und der Verordnung vom 2. December 1837, oder sie denkt etwa an die Einwendungen des Subhastaten, daß die Subhastation nicht begründet sei, weil es an einem exekutorischen Urtel, namentlich gegen den zeitigen Besitzer fehle, weil dasselbe die exekutorische Kraft verloren, weil das vorgeschriebene Mandat nicht erlassen worden, weil das Grundstück seiner Natur nach für immer oder zeitweise nicht veräußerlich, weil der Extrahent befriedigt sei, und dergleichen mehr.

Nun läßt sich allerdings nicht verkennen, daß in der That durch Nichtbeachtung der vorgeschriebenen Formen des Verfahrens, durch Verkennung der Natur des Kaufsvertrags, sowohl rücksichtlich des verkauften Gegenstandes, als des zu zahlenden Preises und der Willenseinigung der Interessenten, so wie der Vorbedingungen der nothwendigen Subhastation, grobe Verstöße vorkommen können, und mitunter vorkommen, welche durch das Adjudikations-Erkenntniß sanktionirt werden, und daß hiergegen den Verletzten eine Rechtshülfe verschafft werden muß, da die Verweisung auf die Kaufgelder keineswegs ausreicht. Das Allgemeine Landrecht und die Allgemeine Gerichts-Ordnung gaben dagegen nicht hinreichenden Schutz, weil einerseits der Antrag auf Widerruf nicht genügen kann, andererseits etwanige Klagen auf Wiederaufhebung des Vertrags den Lauf der Instanzen durchgingen. So ist z. B. die unterlassene Vorladung der Interessenten nicht füglich unter §. 348. No. 2, des Tit. 11. Thl. I. Allg. Landrecht zu stellen, und so enthalten die Proceß-Ordnung, so wie die späteren Gesetze vom 4. März 1834, vielfache Bestimmungen, die offenbar wesentliche Bedingungen für die Zuläßigkeit der Einleitung des Verfahrens, und für dieses selbst aussprechen, für welche die bisherigen Rechtswege keinen sicheren Schutz gewährten. Insoweit läßt sich allerdings gegen die Anwendung der Nichtigkeitsbeschwerde nichts erinnern. Allein das Gesetz durfte sich nicht damit begnügen, auf die Verordnung vom 14. December 1833 und dessen Deklaration, so wie das Allgemeine Landrecht zu verweisen und in der Instruktion dunkele Fingerzeige zu geben, es mußte vielmehr bestimmt und klar die Fälle angeben, in welchen die Nichtigkeitsbeschwerde stattfinden sollte, wenn auch nur nach allgemeinen, klaren Principien und ohne Casuistik, es mußte dabei den unfruchtbaren Unterschied zwischen wesentlichen Förmlichkeiten und Rechtsgrundsätzen, der zum Theil gar nicht scharf gemacht werden kann, da es sich sehr fragt, ob eine Bestimmung der Form oder der Materie, oder wohl gar beiden angehört, aufgeben und die Nichtigkeitsbeschwerde gegen Zuschlags-Erkenntnisse einer ganz besonderen Behandlung unterwerfen.

Man könnte darüber zweifelhaft sein, ob nicht statt der Nichtigkeitsbeschwerde der Proceß durch die Instanzen, mit beschleunigter Form, zu verstatten sei, und es hat dies allerdings das für sich, daß die streitenden Theile, der Streitgegenstand ordentlich festgestellt werden, die Erörterung gründlicher erfolgen könnte, und daß der Adjudikatar in einem gesicherten Zustande wäre, welcher ihm die Disposition ermöglichte, allein die nothwendige baldige Befriedigung des Extrahenten der Subhastation, die Feststellung eines unanfechtbaren Rechts Seitens des Adjudicatar lassen allerdings den gewöhnlichen Instanzenzug nicht für zulässig erscheinen, wenn nicht allen Ansprüchen eine kurze Präclusivfrist angedroht wäre. Nach den geltenden Vorschriften (cf. No. 32. der Instruktion vom 7. April 1839) ist es aber nicht selten zweifelhaft, wer als Implorat anzusehen ist, und es ist durch die Nothwendigkeit in der Nichtigkeits-Instanz als Imploraten zuzuziehen, Alle, welche ein Interesse bei derselben haben könnten, ganz abgesehen von Todesfällen, Wechsel und Unbekanntheit des Wohnorts, und sonstigen Zwischenfällen, Grund zu einer weitläuftigen und kostspieligen, in der Regel ganz unnützen Procedur, gegeben. Es dürfte in der That genügen, den Adjudikatar allein, und wenn dieser die Beschwerde einlegt, die zur Hebung kommenden Interessenten, welche als Extrahenten oder Adhärenten der Subhastation das nächste Interesse haben, als Imploraten anzusehen und zuzuziehen, und den sonst Betheiligten nur Nachricht zu geben, damit sie als Adhärenten ihre Rechte wahrnehmen können, was in foro subhastationis als nothwendigem Domicil sämmtlichen Interessenten oder deren Vertretern und durch Anschlag an die Gerichtsstelle, mit geringem Zeit- und Kostenaufwand zu eröffnen wäre. Die Declaration vom 6. April 1839 hat die Nichtigkeitsbeschwerde auch dem Bieter, dem das Grundstück nicht zugeschlagen worden und dem Adjudikatar, dem der Zuschlag gar nicht, oder unter anderen Bedingungen hätte geschehen sollen, gestattet. Hierzu scheint ein inneres Bedürfniß, von der Konsequenz des theoretischen Princips, daß der Licitant durch das Gebot, dem nicht rechtzeitig und rechtsgültig widersprochen worden, ein Recht erworben habe, den Zuschlag zu verlangen, hier abgesehen, nicht vorzuliegen. Der Bieter hat kein wohlerworbenes Recht, wie das Gesetz vom 4. März 1834 annimmt, abweichend auch von der gemeinrechtlichen Theorie und

Praxis. Das Meist- und Bestgebot, in termino begründet nur ein bedingtes Recht auf den Zuschlag, der Extrahent ist nicht gezwungen, einzuwilligen, er kann das unternommene Geschäft fallen lassen (cf. v. Holzschuher 2. 654.), Glück macht sogar die Perfection des Geschäfts geradehin von der Adjudikatoria abhängig, wiewohl diese eigentlich nur deklaratorischer Natur ist. Der Licitant hat nur eine Offerte gestellt, die der Annahme noch bedarf. Ist diese nicht erfolgt, oder ist einem anderen Bieter adjudicirt, so hat der Licitant sich darüber nicht zu beschweren, die verletzten Interessenten könnten Beschwerde erheben, er interessirt nur de lucro captando oder wegen etwaniger Kosten und Auslagen, und etwa in Einzelfällen zu begründenden besonderen Schäden, welche ihm einzuräumen, nicht einmal ein praktisches Bedürfniß vorliegt, welche auch das Gesetz vom 4. März 1834 in den Fällen nicht berücksichtigt, in welchen die Reposition der Akten, oder Ansetzung eines neuen Termins erfolgen muß. Die Beschwerden der Bieter kommen in der That auch nur selten vor. Der Adjudikatar ferner, welcher nach dem Allgemeinen Landrecht keine Klage auf Widerruf hatte, könnte allerdings durch den erfolgten Zuschlag überhaupt, und die Weise, in welcher er erfolgt, verletzt sein, allein auch diese Fälle sind so selten, und das Bedürfniß zur sofortigen Entscheidung für ihn, der in der That nur einen Kaufvertrag geschlossen, so wenig vorhanden, daß, zumal eine Litiscontestation im Subhastationsproceß nicht erfolgt, ihm sehr wohl die gewöhnliche Klage auf Aufhebung des Vertrages überlassen bleiben könnte. Diejenigen Interessenten, welche ein direktes wirkliches Interesse bei dem Zuschlage haben, sind der Schuldner, Miteigenthümer, Miterbe, die Extrahenten der Subhastation, ein sekundaires haben die übrigen Realgläubiger und Realinteressenten, wenn sie nicht etwa durch den Zuschlag an ihrem Recht verkürzt werden, in welchem Falle sie auch ein direktes, primaires haben. Nur diesen, so weit sie ein Interesse bei der Aufhebung der Adjudicatoria haben, kann die Nichtigkeits-Beschwerde verstattet sein, und nur so weit, als ihr Rechtstitel aus dem Hypothekenbuch oder aus den exekutorischen Akten und Erblegitimations-Urkunden hervorgeht, kraft deren sie die Subhastation extrahirt oder derselben beigetreten sind.

Das Gesetz vom 4. März 1834 zählt zu den Realinteressenten auch die Vorkaufsberechtigten, welche eingetragen sind, man sieht nicht, warum es (cf. §. 573. Tit. 20. Thl. I. Allgemeines Landrecht) die gesetzlichen nicht eingetragenen ignorirt. Bei der Zweifelhaftigkeit der Rechtsfrage, da sogar das Recht selbst in Frage steht und bezweifelt ist, da der Vorkaufsberechtigte allerdings sein Anrecht im Licitations-Termine anmelden muß, falls ihm der Bietungstermin bekannt gemacht worden (§. 615., 616. l. c.), hierdurch gesichert ist, und seinen Anspruch klagend gegen den Adjudikatar verfolgen kann, erscheint es weder zulässig, noch dringend gefordert, daß ihm das Rechtsmittel der Nichtigkeitsbeschwerde verstattet werde. Will man ihm aber dasselbe gestatten, so muß jedenfalls sein Recht an sich unbedingt feststehen, oder rechtskräftig im ordentlichen Proceß festgestellt sein, ehe die Adjudikatoria erfolgen kann, wiewohl es überhaupt Bedenken erregen kann, ihn wie einen gewöhnlichen Licitanten zu behandeln, also auch Bietungskaution von ihm zu erfordern, die Wirkungen der Resubhastation und Exekution wider ihn eintreten zu lassen. Wie nun erst gar, wenn mehrere Vorkaufsberechtigte auftreten, und unter sich uneins sind? Es scheint, als gehöre dies Rechtsverhältniß gar nicht in den Subhastationskreis und könne füglich dem gewöhnlichen Rechtsweg überlassen sein.

Die Beschwerden der Schuldner, die meist nur ein Interesse der Verschleppung haben, müssen auf das strengste Maaß beschränkt werden. Darum müssen nur wesentliche Förmlichkeiten mit der Nullität bedroht werden, damit sich die Chikane nicht hinter unwesentlichen Formen zu bergen versuche. Ist die Subhastation an sich begründet, der Schuldner gehörig geladen, ohne daß er die Aufhebung der Subhastation rechtszeitig bewirken konnte oder in termino licitationis die vollständige Befriedigung des Extrahenten nachweiset, oder sofort baar deponirt, oder behufs der Ansetzung eines neuen Termins baare cautio pro quanto minori bestellt, so darf er nicht befugt erachtet werden, durch chikanöse Weiterungen, welche wegen einzelner oft unwesentlicher Mängel die Subhastation mehrfach illusorisch machen können, die Rechte der Betheiligten zu hemmen und zu kränken.

5) Ein fernerer Mangel des Subhastationsverfahrens liegt in der angeordneten Verbindung des Aufgebots unbekannter Realprätendenten. Das Gesetz verstattet diesen gegen die Präclusion das Rechtsmittel der restitutio in integrum. Wenn sie nun von solchem Gebrauch machen, so ist die Adjudikatoria wiederum in Frage gestellt, nicht minder die Vertheilung und Ausschüttung der Kaufgelder mit ihren weiteren Konsequenzen. Wird hiernächst das Adjudikations-Erkenntniß beseitigt, muß ein neuer Licitationstermin angesetzt werden, so war das bisherige Licitationsverfahren vergeblich. Das Gesetz vom 4. März 1834 spricht sich über die Wirkungen der restitutio in integrum nicht besonders aus, dieselben ergeben sich aber von selbst. Hierbei ist es auffallend, daß den dem Wohnort nach unbekannten Realgläubigern bei regulirtem Hypothekenbuche, welche nur durch öffentliches Patent von dem Termin in Kenntniß gesetzt werden, das Rechtsmittel nicht zusteht, das Patent ihnen entgegensteht; man sieht nicht ein, warum die unbekannten Realprätendenten bei nicht berichtigtem Besitztitel besser gestellt sein sollen, da sie theils die Berichtigung des Besitztitels herbeiführen und erzwingen konnten, theils sich Interims-Recognitionen verschaffen und den Wohnort zu den Hypotheken-Akten anzeigen mochten. Denkt man aber an Eigenthums-Prätendenten, so schließt ja die Adjudicatoria die

Vindikation überhaupt nicht aus, es scheint also kein praktisches Bedürfniß zu der anomalen Verbindung eines Subhastations- und Präclusionsverfahrens vorzuliegen. Wollte man aber diese statthaft erachten, so konnte die Abfassung der Präclusoria vorangehen, und erst nach beschrittener Rechtskraft dieser die Adjudikatoria ertheilt, oder die Ansetzung eines neuen Licitationstermins angeordnet werden. Die Nothwendigkeit der Verbindung des abnormen Präclusionsverfahrens fällt aber ganz weg, wenn das Eigenthum und dingliche Rechte nur durch Eintragung erlangt werden. Denn dann brauchen diejenigen, welche ihre Rechte nicht so gesichert haben, gar nicht berücksichtigt zu werden.

Das Rekognotionensystem, nach dem Gesetz vom 16. Juni 1820, welches nur temporelle Aushülfe gewähren sollte, und im Widerspruch mit den einfachen Principien des Allg. Landrechts und der Hypotheken-Ordnung steht, hat in der That in der Praxis wenig Segen gebracht und nur Kontroversen hervorgerufen. Es liegt auch dazu kein Bedürfniß vor. Was hindert den Besitzer eines nicht im Hypothekenbuche eingetragenen Grundstücks für Berichtigung des Besitztitels zu sorgen, zumal in neuerer Zeit die Wege hierzu erleichtert worden, und weshalb soll ihm der Realkredit eröffnet sein, da er doch nur eine unsichere und zweifelhafte Sicherheit gewähren kann. Will er die Schwierigkeiten, welche im Wege stehen, durch Aufgebots- und Präklusionsverfahren, oder sonst nicht beseitigen, so mag er sich mit dem Personalkredit begnügen. Seine Personalgläubiger aber können ihn im Wege der Exekution zwingen, die geeigneten Maaßregeln zur Berichtigung des folii zu ergreifen.

Es ist daher nicht nöthig, das Subhastationsverfahren mit einem Präklusionsverfahren zu verbinden. Die Subhastation kann nur erfolgen, wenn das Hypothekenbuch auf den Schuldner berichtigt, oder sein Eigenthum dem Subhastationsrichter zweifelsfrei festgestellt ist, z. B. durch rechtskräftiges Erkenntniß,

Erblegitimationsattest, Testament, oder einen formell gültigen Erwerbskontrakt mit dem eingetragenen Besitzer, wenn dieser denselben anerkennt. In diesem Falle genügt es, beiden Nachricht zu geben, und falls ein Widerspruch erfolgt, diesen vorweg durch schleuniges Verfahren zum Austrag zu bringen.

6) Viel bedeutender noch und nachtheiliger ist die Anordnung, daß nach Publikation des Adjudikationsurtels, ohne die Rechtskraft desselben abzuwarten, und die Beseitigung der etwa angemeldeten Nichtigkeitsbeschwerde, mit der Uebergabe des Grundstücks, Vertheilung der Kaufgelder, Löschung der Hypotheken, Umschreibung des Besitztitels verfahren werden soll. Die Erfahrung hat hinreichend die traurigen Erfolge dieser Anordnung herausgestellt. Wird die Nichtigkeitsbeschwerde begründet erachtet, die Adjudikatoria vernichtet, so soll dann der vorige Zustand hergestellt werden, der Adjudikatar soll das Grundstück herausgeben. Die Instruktion vom 7. April 1839 zu No. 39. ist der Ansicht, daß dies ihm und jedem Rechtsnachfolger als res litigiosa, brevi manu ohne Urtheil und Recht abgefordert werden könne, also auf seine Retentionsrechte wegen Kaufgeld, Verbesserungen u. s. w. soll es nicht ankommen, er soll nicht gehört werden. Die Praxis nimmt aber mit Recht dies nicht an, sie behandelt den Adjudikatar mit Recht als bonae fidei possessor und lehnt das Ansinnen der per decretum zu bewirkenden Abnahme des rechtmäßigen, fide publicae hastae erworbenen, bezahlten und im Hypothekenbuche als Eigenthum zugeschriebenen Grundstücks ab. Was erfolgt nun? Es entsteht entweder ein Rechtsstreit zwischen dem Imploranten in der Nichtigkeitsbeschwerde und dem Besitzer, der natürlich die Fortsetzung des Licitationsverfahrens hindert, oder der Implorant will oder kann den Proceß nicht anstellen, und die Sache bleibt ganz in suspenso, wenn nicht der Besitzer klagen oder mit der Provokationsklage auftreten will, deren Zulässigkeit dahinsteht. Der Adjudikatar hat das

Eigenthum nicht erlangt, bleibt aber im Besitz und Nutzung, und es ist das Eigenthumsrecht ganz ungewiß und die Frage über den Uebergang der Gefahr zweifelhaft. Weiter, der Implorant, z. B. ein nicht vorgeladener Realgläubiger hat von den Kaufgeldern nichts empfangen, er hat auch gar nicht die Mittel, die Kaufgelder selbst zu erstatten, wie soll diese erfolgen? Die Gläubiger und Interessenten des Kaufgelderverfahrens haben ihr Geld erhalten, scheinbar das, was ihnen von Rechtswegen gebührt. Sollen sie dies bei Vermeidung der Exekution herausgeben, dies ist nicht bestimmt, soll die condictio indebiti, oder causa data, causa non secuta angestellt werden, wer soll diese anstellen? Der Adjudikatar, der publica fide gekauft und baar an den Richter gezahlt hat? Der Richter? Der Kläger in der Nichtigkeitsbeschwerde, aber dieser hat gar nicht die Verpflichtung, dem Adjudikatar das zu erstatten, was er gar nicht empfangen. Sämmtliche Subhastations-Interessenten durch einen Kommune-Mandatar? Aber die Interessen kreuzen sich, die ausgefallenen Gläubiger haben kein Interesse oder wollen es nicht weiter verfolgen, Processe führen, Kosten machen; die Befriedigten wechselseitig, eben so wenig; wenn nun kein Kommun-Mandatar bestellt wird, wie dann? Der Schuldner und frühere Eigenthümer selbst hat in der Regel gar keine Mittel, er hat auch von dem Kaufgelde nichts erhalten.

Noch weiter; der Adjudikatar ist zufrieden mit der Rückgabe des Grundstücks, aber er verlangt sein Kaufgeld wieder. Er soll sich es doch nicht etwa in einem oder einer Menge von Processen erstreiten und wohl gar wegen Insolvenz ausfallen, übt er aber das Retentionsrecht, so ist damit der Sache nicht geholfen, sie gewinnt keinen Fortgang. Es ist nicht genug, daß man annimmt, Eigenthum des Grundstücks und der gezahlten Kaufgelder sei nur sub conditione resolutiva übergegangen, das Gesetz mußte auch den Weg zeigen, den Uebelständen abzuhelfen. Das Gesetz ordnet nicht an, daß die Abnahme des Grundstücks durch Exekution erfolgen könne, und konnte es auch wohl nicht, zumal gegen den successor, der bona fide des Hypothekenbuchs gekauft hatte, denn von einer res litigiosa ist weder dem Adjudikatar noch dessen Nachfolger gegenüber die Rede. Ebenso steht es mit den aus dem Depositorium an die Gläubiger verzahlten Kaufgeldern. Das Verkennen der Natur des Subhastationsverfahrens, das kein eigentlicher Proceß ist, und daß deshalb die Bestimmung des Nichtigkeitsurtels im gewöhnlichen Proceß auf Erstattung des Geleisteten, auf Adjudikatorien, nicht paßt, hat zu diesem beklagenswerthen Zustand der Gesetzgebung geführt, bei welchem nicht nur der Glaube des Hypothekenbuchs geradezu umgestoßen wird, wenn in Folge der Baarzahlung der Kaufgelder oder Eintragung des Rückstandes das Hypothekenbuch depurirt und selbst der Subhastationsvermerk gelöscht und auch ein Vermerk gesetzlich nicht angeordnet ist, daß die Nichtigkeitsbeschwerde eingelegt sei, und doch die neuen Erwerber und neuen Hypothekengläubiger, des öffentlichen Glaubens des Hypothekenbuchs ungeachtet, die Entziehung des Grundstücks, die Vernichtung ihrer Sicherheit sich sollen gefallen lassen müssen, und wohl gar noch ohne Urtel und Recht!

Hierzu kömmt noch, daß die Realgläubiger, deren Dokumente cassirt, deren Hypothek gelöscht worden, die Herstellung der Dokumente und der Eintragung verlangen müssen. Welche Verwirrung aller Verhältnisse, welche Arbeit für die Gerichte, welche Ueberladung und Entstellung des Hypothekenbuchs, und wozu alles das? blos um das Subhastationsverfahren auf das Aeußerste zu beschleunigen, mit Gefahr der Verletzung der Rechte der Betheiligten, und um dem Gesetz vom 14. December 1833 die unpassende Anwendung auf das Zuschlagserkenntniß zu vindiciren, und ohnehin wird jener Zweck gänzlich verfehlt.

Darum das wohlbegründete Bestreben des Ober-Tribunals,

die Nichtigkeitsbeschwerde auf das Strengste aufzufassen, selbst mit künstlichen Umwegen, um solchen umstürzenden Wirkungen der Gesetzgebung möglichst entgegen zu treten; darum aber auch traurige Fälle, und keineswegs seltene, in denen das Ober-Tribunal keine Hülfe gewähren kann und dann Jahre lang die Verhältnisse in chaotischer Verwirrung bleiben. So ist der Erwerb sub hasta publica ein höchst gefährlicher geworden, nicht minder hat die Sicherheit und Verfolgbarkeit der Hypothek Schaden genommen, die zweckmäßige Nutzung von Grund und Boden und Kapital ist gehemmt, und es ist in der That noch zu verwundern, daß noch immer die ununterrichteten Licitanten sich entschließen, auf so gefahrvolle Brücke zu treten. Daß aber der Werth der Grundstücke hiernach sinken muß, daß der freiwillige Verkauf allein Sicherheit bietet, und dennoch das Eigenthum von Mündeln, im Wege der Subhastation und zwar im Falle der Theilung, der nothwendigen, verkauft werden soll, und also leiden muß, dies leuchtet von selbst ein, nicht minder, welche Gefahr den Depositorien der Gerichte, den öffentlichen Kassen und dem Hypotheken-Kredit im Allgemeinen daraus entstehen muß, so daß Vormünder sowohl, wie andere vernünftige Hausväter Bedenken tragen müssen, Geld zum Ankauf oder Beleihung von Grundstücken zu verwenden, da, wenn auch nicht der Verlust an Kapital und entbehrter Nutzung eintritt, doch jedenfalls durch Zeitversäumniß die anderweite Verwendung, selbst zu den nothwendigsten Bedürfnissen der Existenz gehemmt wird.

Es ist dies Bild kein grelles, theoretisch erdachtes, die zahlreichen Kontroversen, welche das Subhastationsverfahren hervorruft, von Resubhastationen ganz zu schweigen, zeigt die Zusammenstellung der Grundsätze des Ober-Tribunals im Ministerial-Blatt von 1853, die Sammlungen der Entscheidungen desselben. Täglich entstehen neue Fragen, die Zahl der Nichtigkeitsbeschwerden ist bedeutend. Eine Gesetzgebung, welche solche Wirkungen hervorbringt, bedarf einer radikalen Abhülfe. Man könnte hierbei von folgenden Sätzen ausgehen.

1) Vor Einleitung der Subhastation muß die Zulässigkeit derselben festgestellt sein. Die Fragen hierüber gehören nicht in das Subhastationsverfahren, sie müssen, wie die Ansprüche von Intervenienten vorweg entschieden und zum Austrag gebracht sein. Zu dem Ende erscheint es angemessen, sobald der Antrag auf Subhastation gestellt wird und nicht von vornherein zurückzuweisen ist, daß durch besondere Verfügung allen bekannten Subhastations-Interessenten, und im Hypothekenbuche eingetragenen Berechtigten, so wie allen unbekannten Realprätendenten, durch öffentliche Bekanntmachung eröffnet werde, daß, insofern nicht binnen vierwöchentlicher Frist Einwendungen dagegen erhoben werden, die Subhastation eingeleitet werden würde, jedenfalls aber bis zum Licitations-Termin diese Einwendungen geltend gemacht werden müssen, widrigenfalls sie ferner nicht damit gehört und nur an die Kaufgelder verwiesen werden würden. Werden dergleichen Einwendungen von dem Schuldner, Miteigenthümern und Miterben, oder Realberechtigten geltend gemacht, so wird hierüber zunächst, falls der Extrahent nicht seinen Antrag zurücknimmt, im *schleunigen* Proceß verhandelt und entschieden.

2) Nur solche Grundstücke können zur Subhastation gestellt werden, welche auf den Namen des Schuldners oder der Miteigenthümer, des Erblassers, des Kridarius berichtigt sind, oder deren Eigenthum *vollständig* festgestellt ist, indem der unmittelbare Erwerb vom eingetragenen Besitzer vollständig liquid ist, so daß ein Zweifel über das Eigenthum des Subhastaten nicht statthaft ist. Ist dies nicht der Fall, so muß im Wege Rechtens erst die Besitztitelumschreibung allenfalls erzwungen werden. Der Subhastationsrichter muß es mit ganz klaren Besitz- und Eigenthumsverhältnissen zu thun haben. Ein Verkauf von Grundstücken, die im Hypothekenbuche noch kein Folium haben, kann nicht

erfolgen, und es ist daher eine Verbindung des Präklusionsverfahrens mit dem Subhastationsverfahren unstatthaft.

3) Streitigkeiten zwischen Miteigenthümern und Miterben sind vorweg zu erledigen.

4) Steht das Eigenthum des Subhastaten fest und die Verkäuflichkeit des Grundstücks, ist der Antrag auf Zwangsverkauf durch rechtskräftiges Erkenntniß, vorher erlassenen Zahlungsbefehl, oder nach dem Gesetz sonst begründet, so ist nach der Requisition des Proceßrichters, oder Antrag der sonst Berechtigten, mit der Einleitung der Subhastation zu verfahren. Von dem Termin der Taxe ist dem Schuldner und Extrahenten, wie den Realberechtigten, deren Wohnort bekannt ist, Nachricht zu geben. Wesentlich ist nur die Zuziehung der Ersteren. Bei Einleitung des Verfahrens wird der Subhastationsvermerk im Hypothekenbuche angeordnet.

5) Einwendungen gegen die Taxe können nur bis vier Wochen vor dem Licitationstermin geltend gemacht werden.

6) Zu dem hiernächst anzusetzenden Bietungstermin werden durch specielle Vorladungen geladen: alle aus dem Hypothekenbuche bekannten Realberechtigten, der Extrahent, Adhärent, der Schuldner, resp. die Mitbesitzer und Miterben, und zwar sämmtlich in foro des Gerichts, soweit sie nicht Bevollmächtigte bestellt haben, wo die Realberechtigten ihr Domicil nehmen und die Anstalten zum Empfange der Vorladungen treffen müssen, widrigenfalls die Insinuation an den Staats-Anwalt oder einen zu bestellenden Vertreter von Amtswegen gültig erfolgt. Hierüber ertheilt das öffentliche Patent zugleich nähere Auskunft. Zugleich ist festzusetzen, wie die Insinuation an Ehefrauen, Mündel, Kinder in väterlicher Gewalt, zumal bei kollidirenden Interessen, an Erben und sonstige Vertreter zu geschehen habe, dergestalt, daß der Fall der Nullität überall bestimmt ausgesprochen wird. Das leitende Princip ist, daß das Subhastations-Gericht mit Vorla-

dungen Auswärtiger, Feststellung von Legitimationen und weitläuftigen Ermittelungen, nichts zu thun haben darf, daß das Verfahren bei den Vorladungen ein ganz einfaches aber festbestimmtes sein müsse.

7) Im Bietungstermin muß zunächst festgestellt werden, ob noch Punkte vorliegen, welche der richterlichen Vorentscheidung bedürfen. z. B. wegen Wegfall des Subhastations-Grundes, oder wegen Einsprüchen dritter Interessenten. Sind solche vorhanden und gehörig bescheinigt, so kann der Bietungstermin keinen Fortgang haben. Der Schuldner kann noch in diesem Termin durch Liquidmachung der Befriedigung des Extrahenten oder Einwilligung in die Rücknahme der Subhastation, oder endlich durch vollständige baare Deposition der auf Exekution stehenden Forderung an Kapital und Zinsen, ohne daß es auf den Kostenpunkt ankömmt, das Ausbieten abwenden. Bleibt der Extrahent aus, so findet das Verfahren keinen Fortgang.

8) Hat derselbe aber in termino die Feilbietung wiederholt in Antrag gebracht, so ist damit zu verfahren. Es ist den Subhastations-Interessenten überlassen, ob sie eine Bietungskaution, in welcher Höhe und Art, ob ein für allemal, oder speciell vom einzelnen Bieter verlangen wollen, widrigenfalls eine Kaution von dem Richter nicht zu verlangen, und subsidiarisch Art und Höhe der Kaution kategorisch festzusetzen ist, in der Weise jedoch, was die Hypothekenkaution anlangt, daß ein todter Formalismus ausgeschlossen wird, wenn nur das Eigenthum der Kaution dem Kautionssteller zweifelsfrei zusteht.

9) Der Meistbietende erlangt durch das Gebot selbst kein Recht auf den Zuschlag, insofern der Extrahent nicht einwilligt, und von den übrigen Subhastations-Interessenten entweder begründete Einwendungen nach dem Gesetz aufgestellt oder cautio pro quanto minori bestellt und ein neuer Licitationstermin beantragt wird, und sofern gesetzliche Hindernisse dem Zuschlage

entgegenstehen. Auf andere Weise können Schuldner und Realberechtigte den Antrag des Extrahenten, falls sie ihn nicht sofort befriedigen, nicht beseitigen. Haben jene keinen gültigen Einwand und Widerspruch anzubringen, oder schweigen sie (ihr Schweigen gilt als stillschweigende und ausreichende Einwilligung), so ist der Zuschlag dem Meistbietenden zu ertheilen, jedoch immer nur nach ausdrücklicher Einwilligung des oder der Extrahenten. Erklärungen nach dem Termine sind nicht zu berücksichtigen, doch kann der Extrahent noch immer bis zur Abfassung des Zuschlags-Erkenntnisses die Subhastation zurücknehmen, wenn er die Kosten übernimmt. Dem Licitanten bleiben seine etwanigen Entschädigungs-Ansprüche wegen Reisekosten, baaren Auslagen, Zinsenverlust, vorbehalten. Eben so kann der Schuldner den Zuschlag abwenden, wenn er die vollständige Befriedigung des Extrahenten und die Rücknahme des Antrags auf den Zuschlag erwirkt, in dem Falle jedoch nicht, wenn er ausdrücklich in den Zuschlag bereits gewilligt hat, in sofern der Licitant nicht selbst absteht. Sind alle Interessenten darüber einverstanden, daß der Zuschlag nicht erfolgen solle, so fällt er von selbst weg. Erben, Miteigenthümer und Massenkuratoren, welche die Subhastation selbst beantragt, können unbedingt den Antrag zurücknehmen, oder einen neuen Bietungstermin beantragen, wenn der Licitant entweder hiermit einverstanden ist, oder die im Termin vorbehaltene vierwöchentliche Erklärungsfrist nicht abgelaufen ist. Nach deren Ablauf wird, vorausgesetzt, daß sie in den Zuschlag ausdrücklich gewilligt und von dem Vorbehalt des Rücktritts keinen Gebrauch gemacht, der Zuschlag ertheilt.

10) Das Zuschlags-Erkenntniß, welches die Rechtskraft beschritten, überträgt erst definitiv dem Adjudikatar das Eigenthum. Bis zum Zuschlags-Erkenntniß hat er kein unbedingtes Recht auf den Zuschlag.

11) Das Adjudikations-Erkenntniß hat sich mit der Prüfung

zu befassen, ob die Bedingungen des Subhastationsverfahrens nach dem Gesetz vorliegen, ob die Förmlichkeiten beachtet sind, ob die Einwendungen gegen das Gebot, die Person des Bieters und die gestellten Bedingungen begründet sind, nicht minder, ob die Kautionen gesetzlich bestellt worden, welches Gebot unter mehreren als Best- und Meistgebot zu erachten, ob die Einwendung, daß der Grund der Subhastation weggefallen sei, und ob die Anträge auf Reposition der Akten, oder Ansetzung eines neuen Termins begründet, ob keine gesetzlichen Hindernisse des Zuschlags vorhanden sind, überhaupt nur mit Streitfragen, die im Verlauf des Verfahrens, dieses selbst und seine Folgen betreffend, entstanden sind, niemals aber mit materieller Entscheidung von streitigen Ansprüchen, von Intervenienten, Vindikanten, Vorkaufsbeberechtigten u. s. f.

12) Das Erkenntniß muß feststellen, und zwar ausdrücklich, welche privative Lasten und Beschränkungen auf den Käufer übergehen sollen, und zwar in Folge der Einigung der Interessenten. Ist diese nicht erzielt, und hat auch ein Ausgebot mit und ohne Last und Beschränkung nicht zum Ziel geführt, wobei selbstredend spätere Eintragungen präintabulirte Gläubiger und Berechtigte nicht in Verfolgung ihres Rechts hindern können, so kann kein Zuschlag erfolgen, die streitige Frage muß zuvörderst rechtlich entschieden werden, ehe vom Zuschlag die Rede sein kann.

13) Gegen die Adjudikatoria findet nur das Rechtsmittel der Nichtigkeitsbeschwerde statt. Dies steht dem Bieter, welchem der Zuschlag nicht ertheilt worden, überhaupt nicht zu. Der Adjudikatar, welcher den Zuschlag von sich abwenden will, oder ihn unter anderen Bedingungen, als die Adjudikatoria ausspricht, verlangt, und also von seinem Gebot zurücktreten will, bedarf der Nichtigkeitsbeschwerde nicht, es bleibt ihm die gewöhnliche Klage auf Rescission und Entschädigung, wie

jedem Käufer, da durch die Publikation der Adjudikatoria das Eigenthum auf ihn übergegangen ist.

Will man ihm dennoch die Nichtigkeitsbeschwerde gestatten, so kann er sich nur auf den Inhalt des Licitations-Protokolls und die Adjudikatoria gründen, er hat kein Recht das Subhastationsverfahren aus Formverletzungen und aus dem Recht der Extrahenten, Realberechtigten, Eigenthümer anzufechten. Abgesehen von später erfolgten Evictionen, muß ihm aber dann definitiv jedes weitere Recht und jeder sonstige Anspruch abgeschnitten werden, damit nicht später neue Weiterungen und Hemmnisse der Ausschüttung der Kaufgelder entstehen.

Gläubiger, Realberechtigte, Extrahent und Schuldner oder Miteigenthümer, Miterben, Massenvertreter können nur aus eigenem Recht und Interesse die Nichtigkeitsbeschwerde geltend machen, ein Litiskonsortium findet nicht Statt. Die Beschwerde des Schuldners und der übrigen Subhastations-Interessenten ist nur gegen den Adjudikatar zu richten, den übrigen Interessenten wird in foro des Subhastationsgerichts nur Nachricht von der eingelegten Nichtigkeisbeschwerde gegeben, sie können sich bei dem Verfahren accessorisch melden.

Die Beschwerde des Adjudikatar würde in gleicher Weise gegen den Extrahenten, oder wenn dieser kein Interesse hat, gegen die zur Hebung kommenden Realinteressenten zu stellen sein, deren Vorladung, wie aller sonstigen Personen, nur im Domicil des subhastirenden Gerichts erfolgt, außerdem gegen den Subhastaten.

14) Das Ober-Tribunal hat sich mit den Vorladungen direkt nicht zu befassen, es bewirkt diese durch das subhastirende Gericht. Es hat nur zu cassiren, und das anderweitige Verfahren anzuordnen, niemals aber selbst den Zuschlag zu ertheilen; dies kann nur durch den subhastirenden Richter nach kurzer Anhörung der Betheiligten geschehen.

15) Nach Rechtskraft der Adjudikatoria darf erst mit Uebergabe des Grundstücks, Einziehung, Belegung und Vertheilung der Kaufgelder, Umschreibungen und Löschungen im Hypothekenbuch verfahren werden. Bis dahin bleibt Alles in statu quo. Hiernächst aber ist von Amtswegen für Belegung der Kaufgelder und deren Vertheilung, Umschreibung des Besitztitels, Eintrag der rückständigen Kaufgelder, Löschung der nicht übernommenen Intabulate, und auf Antrag der Interessenten, mit der Uebergabe und Einziehung und Vertheilung der Kaufgelder, und was daraus folgt, zu verfahren.

16) Die Vindikation eines sub hasta necessaria erkauften Grundstücks ist unstatthaft, der Ersteher ist gegen jeden Angriff eines Dritten geschützt, er erwirbt unbedingt volles Eigenthum gegen jeden Dritten, und darf sich nicht durch Abfindung als bonae fidei possessor aus demselben verdrängen lassen. Ist das dingliche Recht an die Eintragung gebunden, gehen aus dem Hypothekenbuch der Bestand des Guts und seine Pertinentien hervor, wird berücksichtigt, daß das öffentliche Patent genaue Bezeichnung des Grundstücks nach seinen Bestandtheilen und Pertinentien gemäß der Taxe, und nach vorheriger öffentlicher Aufforderung zur Geltendmachung der Ansprüche (cf. No. 1.) enthält, daß den Benachtheiligten ihr Recht auf die Kaufgelder verbleibt, und daß der Adjudikatar jedenfalls Ersatz als bonae fidei possessor erlangen müßte, so kann es kein Bedenken haben, durch Ausschluß der Vindikation die Adjudikatarien dauernd und contra quemcunque zu schützen.

Für den Fall einer vollständigen, so wünschenswerthen Revision der Subhastations-Gesetzgebung würde zu erwägen sein, ob nicht die mise à prix Seitens des Extrahenten zu berücksichtigen sei (cf. überh. den trefflichen Commentar von Beillot zur Genfer Proceß-Ordnung Tit. 29.).

Sollte aber eine solche nicht beliebt werden, so ist jedenfalls dringendes Bedürfniß, den Grundsatz No. 15. sofort ins Leben zu rufen. Die auch in der erwähnten Zusammenstellung im Ministerial-Blatt von 1853 angedeuteten, von der Praxis täglich gefühlten Mängel des Subhastationsverfahrens erheischen aber dringend, daß durch eine vollständige, klare und nicht blos fragmentarische, sondern in sich geschlossene Verordnung baldige Abhülfe geschehe. Möchte diese erfolgen!

Einzelne Abänderungen, z. B. das vorgeschlagene kürzere Verfahren für die Nichtigkeits-Instanz, dürfte um so weniger ausreichen, als die genaue Prüfung, ob die Publikation des Urtels richtig erfolgt sei, und ob die richtigen Imploraten zugezogen sind, welche das Ober-Tribunal anstellen muß, den beabsichtigten Vortheil problematisch erscheinen lassen, und es andererseits nicht ohne Bedenken ist, bei so wichtigen Gegenständen die Fristen so sehr zu verkürzen, da in der Natur der Sache eine so große Beschleunigung nicht begründet erscheint.

Gedruckt bei Julius Sittenfeld in Berlin.

Kolibri 360 GmbH
Ferdinand-Jühlke-Straße 7
99095 Erfurt, Deutschland
produktsicherheit@kolibri360.de